U0122411

民族、国家与经济

〔奥〕路德维希·冯·米塞斯　著

蒋　豪　译

Nation, State, and Economy:

Contributions to the Politics and History of Our Time

商务印书馆
创于1897　The Commercial Press

Ludwig von Mises

NATION, STATE, AND ECONOMY

Contributions to the Politics and History of Our Time

© 1983 by Liberty Fund, Inc.

Editorial additions © 2006 by Liberty Fund, Inc.

Nation, State, and Economy was first published in English in 1983 by the Institute for Humane Studies in association with New York University Press. It was reprinted by Liberty Fund, Inc. in 2006. This translation is published with permission from Liberty Fund, Inc.

《民族、国家与经济》英译本于 1983 年由人文研究所和纽约大学出版社首次联合出版。2006 年由 Liberty Fund, Inc. 再版。本译作经 Liberty Fund, Inc. 许可出版。

译　者　序

路德维希·冯·米塞斯(1881—1973)是 20 世纪经济学大师、思想家，亚当·斯密之后对市场经济理论贡献最大的人。

对于今日中国读者来说，米塞斯已不陌生。这些年来，他的大部分专著都有了中文版，《论人类行为》《货币和信用理论》等代表作还有不止一个版本。米氏著述概念清晰，逻辑严密，论述如水晶般透彻，具有摄人的说服力。

20 世纪 30 年代大萧条开始后，全球经济学界的目光曾一度聚焦维也纳，因为以米塞斯为代表的奥地利学派经济学家成功地预测了此次经济危机的到来。然而，随着美国新政的实施，以及为其做注解的凯恩斯经济学的流行，奥地利学派被边缘化，立场坚定的米塞斯几乎从学界消失，而他那些向凯恩斯学说致敬妥协的朋友和弟子则不难保持教职。故有"消失的米塞斯"之说。

米塞斯的坚韧不拔、拒绝随波逐流在现实生活中给他带来了不幸。59 岁到美国后，竟无一家著名学术机构正式聘任他。但是，其卓尔不群的表现也铸就了他在历史上的地位。

1973 年米塞斯逝世时，报纸讣告："难以想象我们的时代还有谁曾给予这个世界这么多，而得到的回报却这么少。"有人用雪莱

的诗评价他:

> 因为,像他那样的人无须从
>
> 世界的蹂躏者借来不朽的荣誉,
>
> 他已居于思想领域的帝王之列,
>
> 他们都曾和时代的衰风为敌,
>
> 在逝去的事物中,唯有他们不会逝去。

2000 年他被《自由》杂志评为"自由至上主义世纪人物"。

1974 年米塞斯的弟子哈耶克获得诺奖后,奥地利学派在美国有过短暂复兴。由于与主流经济学的分析方法差异甚大,奥派经济学的地位并没有改变。

作为第一次世界大战九死一生的经历者,出于对德意志民族和世界文明的担忧,1919 年米塞斯出版了《民族、国家与经济》,从和平与发展的视角,侧重为德意志民族并为整个世界寻求突破一战后困局的出路。本书完成时的书名是《帝国主义》,在出版时改为现名。本书包含三篇分析帝国主义的文章。第一篇几乎占了全书的三分之二。米塞斯认为,帝国主义是世界大战爆发的主要原因。在第二篇里,他全面批判了德国战争社会主义带来的所谓福祉。在第三篇,他对德国社会民主党的历史和政治主张进行了详细分析。

同年稍后,凯恩斯出版了《和约的经济后果》。同是对第一次世界大战的反思,两者一个来自战胜国阵营,一个来自战败国阵营。凯恩斯为战胜国计,认为不能对德国过于严厉让其世代贫困,否则肯定会遭到报复。米塞斯为战败国考虑,认为德国不能走向复仇之路，而应走贸易合作、和平发展之路，否则德意志民族将走向毁灭。两人都真心希望战胜国和战败国能团结合作，一国的繁荣和幸福也会促进另一国的繁荣和幸福。但两人的苦口婆心均未被两个阵营采纳。这样，历史的发展就出现了两人所竭力避免的灾难局面——爆发了第二次世界大战。二战后，战胜国和战败国可以说才痛定思痛，走上了米塞斯和凯恩斯在一战后既已指明的道路。

凯恩斯的著作立即为其赢得国际声誉。本书也奠定了米塞斯作为一战后奥地利以及后来整个欧洲最重要的古典自由主义斗士的地位。

孰料 100 年后的今天，各国政策日益内敛。始于 20 世纪 90 年代的又一波全球化颇有倒退的苗头，与 100 年前有惊人的相似。不过相同的角色今天由不同的演员扮演。反思 100 多年以前的那一波全球化为何受到阻碍并引发两次世界大战的历史，对当代人来说极为必要。在相似的历史背景下，本书对于当下的国际关系以及中国的内外政策具有重要意义。

对于一战前德国如何走上战争道路，以及战后应采取的政策，米塞斯以下五个方面的分析值得重视。

一、民族对待历史仇恨的态度

米塞斯首先反思了一个民族应如何对待历史，尤其是历史仇恨的问题。

……当来到世上时，每一个人都必须接受自己的生活，每一个民族都必须接受自己的历史；没有什么比抱怨不再能够纠正的错误更无用，没有什么比后悔更徒劳。我们面对过去，既不像法官分配赞扬和责备，也不像复仇者寻找罪犯。我们寻找真理，而不是罪行；我们想知道事情是怎么发生的，去理解事情，而不是去发布责难。如果一个人按照检察官处理刑事案件卷宗那样的方式——为了控告而寻找材料——处理历史，那么他最好远离它。历史的使命，不是为了满足大众寻找英雄和替罪羊的需要。

……将当前的仇恨和分歧投射到过去，在很久以前发生的战斗中为当今时代的争端寻觅武器，这不是历史的任务。历史应教我们认识起因，理解推动力量；当我们理解一切时，我们就会原谅一切。这是英国和法国处理它们历史的方式。不管持什么政治立场，英国人可以客观地考虑17世纪宗教和宪法斗争的历史，18世纪失去新英格兰各州的历史；没有英国人会在克伦威尔或华盛顿身上仅仅看到民族的不幸。不论他是波拿巴主义者、保皇主义者还是共和主义者，法国人不想把路易十四、罗伯斯庇尔或拿破仑从他们民族的历史中抹去。……

米塞斯区分了民族和种族的概念。"民族"一词和概念完全属于现代的政治和哲学个人主义思想范畴。如果我们希望洞察民族性的本质，我们一定不能从民族开始，而必须从个人开始。我们必须问自己，个人的民族特征是什么，以及什么决定个人属于某个具体的民族。米塞斯认为这一特征就是语言。民族和种族是不一致的，没有民族具有纯粹的血统。在种族政策鼓吹者所使用的意义上，种族是个新概念，甚至比民族概念新很多。它作为民族概念的故意的对应物被引入政治。这样，民族共同体的个人主义理想就被种族共同体的集体主义理想所取代。

二、德国军国主义产生的根源

米塞斯认为，如果在决定命运的 1848 年德国人民挣脱了君主统治的枷锁，1919 年的德国人民会处于非常不同的境遇。德意志帝国实际上就是大普鲁士，它并不产生于德国人民的意愿；不仅违背德国人民的意愿，也违背大多数普鲁士人民的意愿。它是德意志君主们的国家，不是德意志人民的国家。

米塞斯深刻揭示了德国军国主义产生的根源：

许多最优秀的人物从不与这个国家妥协，其他一些人则较晚妥协并不太情愿。然而，站在一旁怨恨并不太容易。对德国人来说灿烂的日子来过，外部荣誉和军事胜利也曾纷至沓来。普鲁士的德国军队战胜过法兰西帝国和法兰西共和国，阿尔萨斯-洛林又成了德国的（或者不如说普鲁士的），庄严的帝国头衔恢复了。德意志帝国在欧洲列强中取得了令人尊敬的地位；德国战舰纵横大洋；德国国旗飘扬在——可以确定，相当不值得——非洲、波利尼西亚和东亚属地。所有这些浪漫化的活动注定会吸引那些喜欢围观行进队伍和宫廷庆典的大众的注意。他们因为有令人赞美之事和因为自己被满足而满意。同时，德国的繁荣也前所未有地增长。这些年，通过发展现代交通工具，最遥远的领土也完美地开放了，给德国带来了不曾梦想的财富。这与德国政治和军事的成功没有关系，但是人们匆忙地判断，"在它之后，因它产生"。

那些在 1848 年 3 月革命前蹲过监狱、1848 年在街垒上战斗过并随后遭到流放的人，这时已变得年老虚弱了；他们或者与新秩序达成和解，或者保持沉默。新的一代成长起来，他们只看到繁荣、人口规模、贸易和航运的连续增长，一句话，人们习惯于称为好时代的所有东西。他们开始取笑父辈的贫穷和软弱，现在他们对诗人和思想家国度的理想只会表示轻蔑。在哲学、历史学和经济学方面出现了新的思想，权力理论走到前台。哲学成为王权和圣坛的保镖，历史学标榜霍亨索伦王朝的荣耀，经济学称赞社会导向的王权以及无差别关税表，并且进行反对"英国曼彻斯特学派毫无生气的抽象"的斗争。

对于经济政策的国家主义学派来说，一个放任的经济会表现为疯狂的混乱，只有国家干预可以为其带来秩序。国家主义者审视每一个经济现象，如果不符其伦理和政治情感，就随时会拒绝它。国家当局的工作就是执行科学做出的判断，为普遍利益服务将代替自由发展造成的误事。国家是完全明智、完全公正的，总是只想着公共利益，国家具有与各种邪恶进行有效斗争的力量，这丝毫不受怀疑。尽管该学派的单个代表可能在其他方面有分歧，但他们全部同意一点，即不存在经济规律，把所有经济事件归结为力量因素的运作。国家可以将其政治-军事力量置于经济力量之上。对于德国人民在国内外遇到的所有困难，首推军事解决；无情地使用力量被看作理性政策。

这就是世界称之为军国主义的德国政治思想。

三、自由的民族主义与黩武的民族主义

米塞斯对比分析了自由或和平主义的民族主义和黩武或帝国主义的民族主义的区别。

人们只有现在才能完全调查背离自由主义政策原则给德国人民带来的伤害。如果德国和奥地利没有返回到保护性关税，它们今天会处于多么不同的地位？……

德国帝国主义的结果是将德国人民陷入痛苦的不幸，使他们成为被遗弃的人民，这表明上一代德国人所追随的领导人走的是错误的道路。这条路上找不到名望，找不到荣誉，找不到财富，也找不到幸福。1789 年的思想不会把德国人带到今天的地步。难道不是今天被谴责为缺乏国家感情的启蒙时代的人们，更好地理解对于德国和整个世界什么才是好的吗？比任何理论所能做到的更加清楚的是，历史进程表明：恰当理解的爱国主义通向世界主义；一个民族的幸福并不在于使其他民族不好，而在于与其他民族和平地合作。德国人民曾经拥有的一切，它的知识精英和物质文化，都为了一个虚幻的目标而无谓地牺牲了；没有给任何人带来好处，只给自己带来伤害。

一个相信自己和自己未来的民族，一个想要强调这种确定的情感——其成员不是仅靠偶然的出生在一起，而是靠共同拥有对他们每一个人来说比什么都有价值的文化才在一起——的民族，当看到个人转到其他民族时，必然能够保持平静。一个意识到自己价值的民族，不会强行扣留那些想要离开的人，也不

会强行并入那些并非自愿加入的民族共同体。让自己文化的
吸引力在与其他民族竞争时证明自己——仅此就值得一个民族
自豪，仅此就是真正的民族和文化政策。在这方面，权力和政
治统治的方式绝不是必要的。

　　……

　　当然，在多语言领土，控制国家和政府的民族斗争不可能
完全消失。但是，它会随着国家职能受限制和个人自由扩展的
程度而失去尖锐性。任何希望民族之间和平的人必须反对国
家主义。

　　这里，米塞斯论述的自由迁徙的理想甚至今天也没有完全实
现，但正如他所说，恰当理解的爱国主义与世界主义是相通的，爱
国主义必须基于法治基础，尊重个人的选择。
　　对于两种民族主义，米塞斯做了比较论述。

　　……自由主义思想始于个人自由，它拒绝所有一部分人对
另一部分人的统治，它不承认领袖人物也不承认臣民之人，就
像在民族之内它并无主人和奴隶之分。对于完全成熟的帝国
主义，个人不再具有价值。只有作为整体的一个成员、军队的
一个士兵，个人才对帝国主义有价值。对于自由主义，其民族
同胞的数量不是一个过于重要的问题。对于帝国主义则不是
这样，它为民族的巨大数量而奋斗。为了征服和占有，它必须
要具有军事优势，军事重要性则总是依赖于可以支配的战士数
量。获得和保持大量人口因此成为一个特殊政策目标。民主

主义者为统一民族国家而奋斗，是因为他相信这是民族的意志。帝国主义者希望国家越大越好，他不在乎这是否反映了人民的愿望。

　　……帝国主义对征服的贪欲没有限制。它无视人民的任何权利。如果它"需要"一块领土，它就直接获取，并且在可能的情况下，从被征服的人民那里进一步要求更多他们认为公正合理的东西。在帝国主义国家眼中，外族人民不是政策的主体而是客体。他们就是——正像君主国曾经认为的那样——他们居住国家的附属物。因此，表达也以现代帝国主义的讲话方式重现，这曾经被认为已经遭人遗忘。人们再次谈论地理边界，谈论使用一块土地作为"缓冲区"的必要性。领土再次变得整齐，它们被人们交换并出售换钱。

　　这些帝国主义的教义如今人们都已熟知。出征去和帝国主义战斗的英国人、法国人和美国人的帝国主义性质与德国人不相上下。当然，他们的帝国主义与1918年11月之前的德国版本在一个关键点上有所不同。当其他民族把他们的帝国主义做法仅针对热带和亚热带地区民族，而遵照现代民主原则对待白种人民族时，德国人正是由于他们在欧洲多语言领土的位置，将他们的帝国主义政策也对准了欧洲人。……

四、德国特权阶层绑架国内政治、国内政治塑造国际关系的后果

　　对于德意志民族没有形成海外殖民地，米塞斯有精辟的看法：

……在外面置身于美国佬和克里奥尔人 (Creoles) 中间的广阔世界,德意志人怎么能够找到维护自身的力量? 在国内时德国国民被禁止"用其有限的智力去判断最高国家当局的行为",他们到哪里能够得到更大规模的政治所要求的政治洞察力?

从米塞斯的描述和分析中,我们可以看到当时德国特权阶层主导国内政治、国内政治塑造国际关系的后果。

普鲁士各省、波兹南和西里西亚等地的德意志人不期望从民主中得到什么好处。然而,这基本上决定了普鲁士德意志人的立场,因为多语言地区的德意志人相比他们的数量具有更大的政治重要性。毕竟,这些德意志人包括这些省份较高阶层人口的几乎所有成员——官员、教师、商人、地主、大企业家。因此在普鲁士德意志人的上层,受威胁的边境地区的成员构成了很大部分,远超德意志边境居民在普鲁士德意志总人口中的部分。边境地区的重要居民加入了支持国家的派别,从而使他们占据了优势。德意志国家的想法不能赢得普鲁士的非德意志臣民,并且它的德意志臣民害怕德意志实现民主。这就是民主思想在德意志的悲剧。

……大普鲁士帝国并不想与自由的英国联合。出于国内政治的考虑,作为神圣同盟延续的三皇同盟,似乎是德国唯一可以进入的适合的联盟。

在这里存在一个环节，即民主思想的力量在普鲁士形成国家之中的作用。正是害怕失去在东部边境地区的既得利益，使得很多人放弃了民主的主张。米塞斯认为：

> ……德意志自由主义的失败唯一归因于德意志东部的居住条件——在那里实行民主会导致驱逐德意志人并剥夺他们的权利，因此一种反民主潮流的倾向在更广泛的德意志人圈子中产生出来。他们会不得不承认，像任何其他国家一样，甚至德意志威权主义国家并不依赖武器的胜利，而是依赖精神的胜利，依赖王朝-威权主义感情对自由主义感情的胜利。……如果自由主义思想在普鲁士军队中得到比实际更深入的传播，普鲁士国家的理想就会立即坍塌。……

五、一战后德国应该采取的政策

对于一战后战败的德国应该采取的政策，米塞斯分析了两种不同的路径及其后果。

> 德国人民所有的思考和努力都必须是为了摆脱这种状况。有两种途径达到这个目标。一种是帝国主义政策的途径。军事上变得强大，一旦进攻的机会来临就重启战端——这是今天想到的唯一手段。这种途径究竟是否可行是存在疑问的。今天抢劫和奴役德国的国家非常多。它们运用的力量如此强大，因此它们会不安地盯着德国，阻止德国再次变得强大。德国可

能发动的新战争会很容易成为第三次布匿战争，以德国人民的完全消失结束。但是，即使它会导致胜利，它也会给德国带来极大的经济不幸，这种成功不值得冒险；而且，危险仍然存在，德国人民在胜利的狂喜中会再次陷入无边无际的胜利疯狂，对它来说这已经多次转变成灾祸，因为胜利可以最终再次只导致一场大崩溃。

德国人民可以采取的第二种途径是完全脱离帝国主义。只通过生产性劳动努力重建和平，通过国内的完全自由使个人和民族整体所有力量的发展成为可能——这是一条恢复生机的道路。除了使人们富裕并因此而自由的生产性劳动外，对帝国主义邻国对我们的压迫和去德国化的努力无动于衷，是一条比斗争和战争政策更能迅速和稳妥地达到目标的途径。被捷克斯洛伐克、波兰、丹麦、法国、比利时、意大利、罗马尼亚和南斯拉夫征服的德国人，致力于民主和自我治理——这最终会导致完全的民族独立——要比把希望寄托在武器的胜利上，会更好地保留他们的民族特征。

对于战胜国，米塞斯也提出了批评性的建议。

英国人、法国人和美国人已经在 19 世纪摆脱所有征服的渴望，使自由主义成为他们的首要原则。可以肯定，甚至在他们的自由主义时期，他们的政策也没有完全摆脱帝国主义的偏向，人们不可能立即把他们每一个帝国主义思想的成功都算作防卫。但是毫无疑问，他们的帝国主义从防止德国和俄国帝国主义的必要性中获得了最大的力量。现在他们作为胜利者，不愿满足于胜利前他们为自己设定的战争目标。他们久已忘记他们奔赴战场时携带的良好计划。现在他们手握权力并不想让它溜走。或许他们认为，他们将为大众利益行使权力，但是，所有掌握权力的人都是这么认为的。权力本身就是邪恶的，不论谁行使它。

总之，在米塞斯看来，民族和国家间的争端和分歧最终要通过思想的力量来解决。

如果德国人民认为地球上居住领土的分配是不公正的，那么他们本可以寻求转变世界的公共舆论——公共舆论原来没有看到这种分配的不公正。这是否可能是另外的问题。找到为此而奋斗的同盟者并不是完全没有可能；与他们紧密联合，或许本来可以得到一切。然而，可以肯定的是，一个 8000 万的民族与其余整个世界对抗是没有希望的，除非它用知识的手段追求这一目标。只有使用精神而不是武器，少数才可以战胜多数。真正的实践政治，只是知道怎样利用思想为其服务的那种实践政治。

希望米塞斯这部百年前的著作能给今日中国读者带来思考的乐趣和有益的启迪。

目　　录

前　言

　　此处我提交给公众的几篇文章，并未超出对我们正在经历的世界历史危机的观察，也只是有助于理解我们时代的政治环境。我意识到，任何提供更多内容的企图都是不成熟并因此是错误的。即使我们处于清楚明了相互关系和认出发展方向的位置，我们也不可能客观面对今日的重大事件并让我们的观点不被希望和祝福所模糊。伫立于战场之中，一个人要保持冷静和沉着是徒劳的。不带怒火和偏袒地对待其时代的重大问题，超出了人类的能力。对于没有成为该规则的例外，请不要责备我。

　　本书各部分探讨的议题好像仅仅是在表面上放在一起。然而我相信，它们由本研究的宗旨紧密地联系在一起。当然，此类反思一定是碎片化的，不可能应对全局的完整和一致。我的任务只能是，把读者的注意力引向舆论通常没有充分考虑的方面。

维也纳，1919 年 7 月初

路德维希·冯·米塞斯博士 教授

英译本引言

　　路德维希·冯·米塞斯的《民族、国家与经济》写于1919年，与约翰·梅纳德·凯恩斯写作《和约的经济后果》同年，后者关于战后经济状况的诊断和处方名气更大。米塞斯的书早几个月，大概对《凡尔赛和约》的详细内容了解较少，因此并不关心其特别条款。凯恩斯比米塞斯更深入地估计了交战国的财富、遭毁的财产数量以及德国的赔款能力。但是，凯恩斯的关注点比米塞斯窄，米塞斯将自己的分析看作一个应用由历史和经济理论得来的教训的特殊实例。

　　这两本书有很多共同点。它们都比较了战前和战后的经济状况。两位作者都认识到，每个国家的繁荣都支持而非削弱其他国家的繁荣。两人都强调欧洲尤其是德国的生活标准深深依赖于世界贸易，并对贸易的中断表示惋惜。或对或错，两人都觉察到了欧洲尤其是德国人口过剩的某些方面，并对移民作为解决之道的可能性进行了不太乐观的评价。米塞斯甚至怀念起了德国在19世纪失去的机会，当时德国本可以和平地获得适于殖民的海外领地。

　　两位作者或多或少都当然认为，德国统治阶级以及某些公共舆论在很大程度上应对战争负责。米塞斯运用历史学、政治学、社会学、心理学以及其他学科挖掘德国军国主义的智识和思想背景。凯恩斯也充分利用了心理学。他对伍德罗·威尔逊的性格和个性的解剖得到了大家公正的认可。他对劳合·乔治在 1918 年 12 月的选举运动中提出不道德的"绞死德皇"口号进行了尖锐的批评。

米塞斯和凯恩斯都强调了通货恶化如何引起经济和社会失调。xii 凯恩斯认同据说是来自列宁的破坏资本主义制度的最好方式的观点。"列宁无疑是正确的。就推翻社会的现存基础来说,再没有比败坏其通货更微妙、更可靠的方式了。这一过程使得经济规律的所有隐藏力量发挥破坏作用,并以百万人中无一人能够识别的方式进行。"凯恩斯警告不要进行责备"奸商"的误导,米塞斯同样理解利润的建设性功能,甚至在战争时期也是如此。米塞斯解释了通货膨胀如何破坏会计履行的重要功能。四年后,德国马克恶性通胀所引发的崩溃现实地演绎了他们已经指出的关键之处。凯恩斯和米塞斯的作品展现了他们的先见之明。

凯恩斯的作品没有显示反资本主义或者支持广泛的政府经济干预的任何迹象。米塞斯重视这些问题。他揭示了社会主义的某些无效性,但他还没有形成后来的社会主义不可能进行准确经济计算的证明。

在各自的书中,凯恩斯和米塞斯都给人以做出诊断时分析清晰,给出建议时人道博爱的印象。两人都对欧洲大陆至少在短期内的经济状况感到悲观。两人都反对怨恨在心的和平,凯恩斯对赔偿的警告是众所周知的。非常糟糕的是,凯恩斯的名气并没有更有效地发挥实际影响,而米塞斯的书当时在英语世界并不容易得到。要是两人能够团结协作就好了!

米塞斯的著作阐明了保守主义和自由主义(该词欧洲的和语源

正确的意义上的自由主义）的政治和经济哲学的差异。米塞斯断然不是一个保守主义者。该书反复谴责政治和经济特权。他像拥护自由市场经济一样拥护政治民主。他赞美民主革命，反对世袭和独裁政权；他同情民族解放和统一运动。就像他解释的那样，自由民族主义——与军国主义和帝国主义的民族主义形成鲜明对比——应该是一种令人钦佩的立场，应该是和平的堡垒。不同的人们应该能够尊重甚至分享各自对本民族文化和历史的骄傲。（1961年我在意大利旅行时正值举行纪念意大利王国建立一百周年的庆祝和展览，通过回顾我当时的感情，我想我理解米塞斯头脑里想的内容。就像我的旅伴所说的那样，他总是感觉自己像一个意大利爱国者。）

　　米塞斯热爱政治民主带有一丝感人的纯真色彩。他在本书的文章显示出，他几乎不能设想，有机会通过自由选举代表的方式来实施管理的人民，怎么就不能选出那些能够为他们的真正共同利益服务的政治家和政策。这种乐观主义无损于米塞斯的名声，反而凸显了他的自由主义的真诚。这提醒我们他这本书写于60年前，尚没有后来积累的对于民主政府的清醒的经验。他写于应用经济分析和方法论个人主义理解政府和政府失灵的公共选择理论发展之前。政府失灵类比于被更好宣传的市场失灵（不完整、不准确的成本效益比较，外部性之类）。但是，对于1919年能够得到的经验和政治分析，米塞斯当然并不天真幼稚。相反，本书见解最深刻部分的一些内容就分析了德国和奥地利发展民主的障碍。米塞斯看到了民族性和语言状况在这两个多语言帝国的重要性。他并没有单独发展出一种对政府的经济和心理分析，不过他在本书和之后的著作中对这一任务进行了让人印象深刻的开创性工作。

米塞斯希望他六十多年前的德语读者回顾德国和奥地利历史上的突出事实。这种期望并不针对 20 世纪 80 年代的英语读者。鉴此，下面列出米塞斯视为当然的历史背景的梗概，其中特别指出了米塞斯提及的事件和人物。

数个世纪以来，德语领土被几十个甚至几百个世袭的或教会的统治者统治——国王、大公、伯爵、亲王、主教，诸如此类。米塞斯谈到了"几十个世袭的君主拥有自己的飞地、世袭部属和家庭法"，以及"罗伊斯和施瓦茨堡这样微型君主的滑稽统治"。甚至在 1871 年德意志帝国形成后，其成员邦国数量包括 4 个王国、4 个大公国、14 个较小的公国和侯国，以及 3 个汉萨同盟城市，还有被征服的阿尔萨斯-洛林地区。

直到过了 19 世纪中期，德国仍被理解为包括奥地利的德语地区，而奥地利通常是居于支配地位的德语国家。在 Deutschlandlied 即《国歌》（由流亡的自由主义诗人奥古斯特·海因里希·霍夫曼·冯·法勒斯莱本写于 1841 年）的歌词中，德国的范围从西边的马斯河到东边的梅默尔河，从南边的埃施（阿迪杰）河到北边的贝尔特海峡（波罗的海通道）。

然而德国统治者们的管辖范围并不限于德语领土。波兰人和其他斯拉夫民族居住于普鲁士的东部，尤其是在米塞斯提到的腓特烈大帝进行的征服之后。波茨坦和柏林所在的勃兰登堡于 1701 年成为普鲁士王国的核心区域。霍亨索伦家族从 1415 年起拥有勃兰登堡侯爵头衔，后来成为普鲁士王国王室，直至 1918 年。腓特烈·威廉大选帝侯（下文解释"选帝侯"的意思）的统治期间是 1640—1688 年，他主持了"三十年战争"之后国家的重建和扩张，并获得了对普鲁士的全部主权。他的儿子腓特烈一世的统治期间是 1688—1713 年，是普鲁士的（技术上，是"位于普鲁士内的"）第一任国王。腓特烈·威廉一世在位期间是 1713—1740 年，他基本上可以说是普鲁士军队的创建者。其子腓特烈二世是历史上著名的腓特烈大帝，1745 年他从奥地利手中夺取了西里西亚，1772 年伙同俄国和奥地利对波兰进行了第一次瓜分。其继任者腓特烈·威廉二世于 1793 年和 1795 年参与了第二次和第三次瓜分波兰。最后一次瓜分将波兰从地图上抹去了。

奥地利帝国不仅包括德语居民，还包括匈牙利人、罗马尼亚人、捷克人、斯洛文尼亚人、波兰人、鲁塞尼亚人、意大利人和其他人。根据一份 1910 年的统计，奥匈帝国奥地利部分的人口组成是，35% 的德语居民，23% 的捷克人，17% 的波兰人，19% 的其他斯拉夫人，2.75% 的意大利人，以及星散的其他人。

德意志民族的神圣罗马帝国的称号一直使用到 1806 年。它大致上——仅仅是大致上——与德语地区相一致。它有时包括部分意大利北部地区但不含普鲁士东部。它由奥托一世组织（或复兴），教皇于 962 年加冕他为皇帝。（他的继承人为奥托二世和奥托三世，米塞斯称之为奥托时代。）神圣罗马帝国是由君主国家、教会国家和自由市组成的松散的邦联。七个、八个或九个统治者是选帝侯，他们在皇位空缺时选出一位新皇帝。从 1273 年起，除了少数时期（1308—1438 年尤为显著），皇帝都来自哈布斯堡家族，其属地包括帝国范围外的许多土地。哈布斯堡王朝的膨胀解释了米塞斯所提的"联姻国家"。1740 年，该家族的男性继承人绝嗣，查理六世的女儿玛丽亚·特蕾西亚继承了其领土，这引起了奥地利继承战争。

玛丽亚·特蕾西亚的丈夫是前洛林公爵,他于1745—1765年成为皇帝,被称为弗朗茨一世。这可以解释为什么该王朝以哈布斯堡-洛林之家著称。

米塞斯还提到了神圣罗马帝国历史上其他几个事件和人物。在1637年去世前,斐迪南二世于1617年成为波希米亚国王,1618年成为匈牙利国王,1619年成为皇帝。他狂热的天主教信仰疏远了新教的波希米亚贵族,他们于1618年造反(形象称呼的"布拉格掷出窗外事件"发生在此时),"三十年战争"肇始。这场战争对德国是场浩劫。它不仅取决于宗教的差异,还取决于哈布斯堡家族控制整个国家的野心。帝国军队取得了战争中首场大战的胜利。此战于1620年发生在布拉格附近的白山,使波希米亚丧失独立长达300年。新教方面不时得到丹麦人、瑞典人,甚至路易十三和路易十四的法国的帮助。1648年的《威斯特伐利亚和约》,将濒临波罗的海的某些省份给了瑞典,将南部的阿尔萨斯给了法国,而皇帝对德国的权威变成了纯粹名义上的。接受德国的宗教分裂是通往宗教宽容的重要一步。米塞斯提到的利奥波德一世于1657—1705年是神圣罗马皇帝。他统治的大部分时间都在同路易十四的法国以及土耳其人交战。利奥波德二世继承其兄弟约瑟夫二世(也是玛丽亚·特蕾西亚的儿子)的位置,从1790年直至1792年去世是皇帝,也是波希米亚的最后一位国王。他唆使发起了《皮尔尼茨宣言》,从而加速了其死后数周发生的法国革命战争的到来。

拿破仑战争引发了欧洲版图和政治制度的持续变化。在拿破仑的压力下,1803年通过了《神圣罗马帝国代表法令》。米塞斯提 xvi 到这个法令是作为旧观念的一个例子,即国土是主权者的财产,因此可以买卖、交易、重塑、分开和合并，并不考虑只当作国土附属物的居民的愿望。这一法令极大减少了欧洲的主权数量，部分因为结束了天主教会显贵们的世俗统治，把他们的土地置于临近君主的统治之下。1806年，同样在拿破仑的压力下，旧帝国被清算了，他分离了德国的西部——正如事情发展所示，仅是暂时的——并把它们并入了莱茵同盟。弗朗茨二世放弃了神圣罗马皇帝的称号，但是保留奥地利皇帝弗朗茨一世的称号。

米塞斯提到了在拿破仑战争末期努力统一意大利的两个人。约阿希姆·缪拉是法国元帅，于1808年被拿破仑任命为那不勒斯国王，1815年试图使自己成为整个意大利的国王，但是被俘并被枪决。弗洛雷斯坦·佩佩（Florestano Pepe）是缪拉手下的将军，1815年与奥地利作战。（米塞斯提到，很可能是弗洛雷斯坦，而不是其弟弟古列尔莫——另一位拿破仑的将军——组织了意大利烧炭党并领导了1821年一次不成功的支持立宪的起义。）

拿破仑战争后，欧洲的统治王朝极力恢复旧秩序。米塞斯不断嘲笑的神圣同盟，是一个经常但并不准确地用来给尤其是俄国、普鲁士和奥地利的反动政策贴标签的词。严格地讲，神圣同盟是一份政治性的关于基督教原则的无害宣言，由沙皇亚历山大一世于1815年起草，并由几乎所有的欧洲君主签署。压迫性的政策更适合同维也纳会议体系和1815年的四国同盟联系在一起。米塞斯还顺便提到了亚历山大一世的波兰王国。维也纳会议（1814—1815年）创造了这个王国，沙皇兼其国王，但是它有自己的宪法（1830—1831年波兰人民起义期间被中止）。

随着神圣罗马帝国寿终正寝，根据维也纳会议的决议，38个（很快达到 39 个）德语主权地区组成了一个松散的德意志邦联。其议会由奥地利主持在法兰克福召开，并没有什么权力，因为大多数决策都要求全体一致或者三分之二以上的多数赞同通过。

1834 年，在自己领土上形成一个自由贸易区后，通过合并两个地方海关同盟，普鲁士掌握了在不包括奥地利的大多数德语国家建立关税同盟的领导权。新的同盟被认为是迈向政治统一的一步。1861 年，同盟被改组，拥有了自己的宪法和议会。米塞斯提到了同盟思想的奠基人之一，经济学家弗里德里希·李斯特。李斯特由于在符腾堡鼓吹行政改革，被迫于 1825 年移居美国，但是于 1832 年作为美国驻莱比锡领事回到了德国。他赞成国内自由贸易，同时要实行严格的临时关税保护，以鼓励幼稚产业发展。

米塞斯多次满怀赞赏和怀念地提到 1848 年的欧洲各国革命。这些革命大多数是由中产阶级知识分子发动，他们主要带来法国思想以反抗政治压迫。巴黎的"二月革命"推翻了路易·菲利普国王，建立了第二共和国，其他地方都竞相模仿。在仍分裂为许多个主权地区的意大利，争取自由主义宪法的运动，被一场不成功的驱逐奥地利人的爱国战争替代。

1848 年 3 月，奥地利和德国爆发革命骚乱，这是米塞斯提到"三月革命"并比较革命前后状况的原因。在维也纳，1809 年以来的重臣、外交大臣克莱门斯·冯·梅特涅亲王，不得不辞职并逃亡。1848 年 6 月，第一次泛斯拉夫会议在布拉格举行，由波希米亚民族主义历史学家弗兰蒂泽克·帕拉茨基主持。（对于如果奥地利多民族国家不存在，也必然会被创造出来的问题，米塞斯采用了广为引用的帕拉茨基的评论。）陆军元帅阿尔弗雷德·温迪施格雷茨亲王 1848 年 6 月扑灭了布拉格的革命后回到了维也纳，而维也纳则在 10 月爆发了另一波激烈的动荡。他帮助重建了哈布斯堡政权，从 1848 年 11 月起，菲利克斯·施瓦岑贝格亲王成为新的重臣。施瓦岑贝格策划了斐迪南一世的退位，由他的侄子弗朗茨·约瑟夫即位，约瑟夫一直统治到 1916 年去世。

xviii

米塞斯不仅提到施瓦岑贝格，还提到爱德华·冯·克拉姆-加拉斯伯爵，他是镇压 1848—1849 年意大利和匈牙利革命的关键人物。（事实上，米塞斯提到了克拉姆-马提尼克斯，他是同一个富裕贵族家族的波希米亚分支。）

匈牙利独立运动一开始取得了成功，但是最终被施瓦岑贝格和哈布斯堡扑灭了，后者得到了其斯拉夫属下和俄国沙皇尼古拉一世的军队的帮助。在 1849 年 8 月被俄国人击败后，匈牙利人民在奥地利将军朱利叶斯·弗雷赫·冯·海瑙治下遭受了报复。

在德国，革命者寻求在各邦建立代议制政府和国家的统一。普鲁士国王和少数统治者一开始做了民主的妥协，但后来在看到奥地利的反革命取得胜利后，又撤回了承诺。正如米塞斯指出的，普鲁士王储在逃离国家不久就能够发起反攻。然而有一段时间，某些前景还是有希望的。憧憬着统一的德国，一个自行设立的"预备议会"召开了全德国民议会，也以法兰克福议会著称，会议从 1848 年 5 月 18 日到 1849 年 4 月 21 日在圣保罗教堂召开。会议代表由全德国和奥地利男性选民直接选举，代表中占压倒性多数的是具有自由和民主思想的中产阶级。当米塞斯反复提到圣保罗教堂的理想时，他头脑中就闪现着这些内容。（他间或也在同样意义上提到"1789 年的理想"，想到的是法国革命初期憧憬自由和政治平等的进程，而不是革命随后蜕化成的大恐怖。）*

在法兰克福代表中，一派赞成将奥地利和波希米亚纳入设想的 xix
统一德国，尽管这样做会使哈布斯堡君主国瓦解；另一派认为，将
奥地利领土排除在外更为明智。（米塞斯确实提到了民族统一的大

---

* 米塞斯常常提到 19 世纪中叶对一个由德国和奥地利德意志人组成的统一德意志国家的追求。他将之描述为一个真正的倾向自由的运动，与 1848 年的自由革命紧密关联。然而，米塞斯从没有详细论述过它。他在本书中简略地提到了它，英译者利兰·耶格尔在本引言中也是这样做的。然而，读者更多地了解这一运动是如何开始、发展，然后遭受毁灭的，也许是有益的。

正像米塞斯所描述的历史上的这一时期，追求一个"更大德国"与 18 和 19 世纪争取自由主义、个人主义、自由和民主的斗争有密切关系。拿破仑对欧洲的征服，破坏了德意志各诸侯国作为政治实体的独立性，使它们处于普鲁士的控制之下。在拿破仑失败之后，教授、政治学者、作家、哲学家、商人和其他一些人寄希望于德国发生政治改革，开始越来越多地谈论和著述产生于英国和法国的自由思想。大学生们是这种新思想的沃土，他们组建了各种自由的学生社团。几个以前独立的德意志邦拟定了新宪法，保护各自公民的财产权、选举权、不受审查的言论自由，保护应征入伍者不受虐待。

为了应对不断增长的动乱，第一次国民大会由腓特烈·威廉四世国王于 1847 年 4 月召集，但是其权力受到严格限制。一位言论大胆的自由派领袖被迫流亡。其他的自由主义者坚持要求国王承认个人权利，但是他们的请愿被否决或者忽视。国民大会于 1847 年 6 月关闭，没有做成任何事情。同时，事态在整个欧洲蔓延。

1848 年 2 月，巴黎的人民革命将路易·菲利普赶下台。梅特涅被迫逃离在维也纳的办公室。1848 年 3 月，柏林街头发生骚乱。最终，对起义感到紧张和害怕的腓特烈·威廉四世做了重要让步。他引进两个自由主义者入阁，甚至承诺普鲁士应该被吸收进德国中。在自由主义大臣的协助下，最后决定在法兰克福的圣保罗教堂召开第二次国民大会，以起草一部自由主义的宪法。国民大会于 1848 年 5 月 18 日开始审议工作。国民大会的成员基本上是为自由民主思想奋斗的中产阶级运动的成员。他们起草了一部真正的自由主义宪法，大会、28 个小德意志邦国以及符腾堡通过了这部宪法。甚至普鲁士人民的代表也接受了这部宪法。但是，巴伐利亚、萨克森、汉诺威和普鲁士拒绝承认它。最终，腓特烈·威廉四世拒绝了它。国民大会于 1849 年 4 月 21 日关闭。

对国民大会的镇压在柏林和维也纳以及其他城市引发了动乱和革命。许多自由主义领导人遭逮捕、关押、流放或处决，其他人则逃离了这个国家。起义最终被军事当局扑灭。——英文版编者注

德意志和小德意志方案之间的张力，但他并不局限于这一特殊场景。）奥地利政府对任何分裂其领土的主张都表示出敌意，1849年3月4日奥地利宪法重新确认哈布斯堡统治范围的统一，此时这一问题变成了理论问题。经过漫长的辩论，法兰克福代表们通过了一部联邦宪法，并选举普鲁士国王腓特烈·威廉四世为皇帝。4月底，国王拒绝接受，理由是从选举议会手中接受皇冠与其神圣的权利不相符。议会随后就解体了。如同米塞斯书中所说，同时，随着对革命的镇压和各德意志君主国加强专制统治，民主领导人认识到政治上保持沉默是精明的，或者干脆移居国外。

xx　　法兰克福议会的活动使1848—1850年的德意志邦联议会暂时中止。在拒绝了帝国皇冠后，普鲁士国王仍希望以自己的方式统一德国，并得到其他君主的同意。普鲁士同盟作为一个内部的联盟，将与哈布斯堡君主国联手构建一个更大的联盟。多数较小的德语国家最初接受这个计划，1849年的民族大会和1850年的议会先后在埃尔富特召开，并开始实施一部宪法。然而，随着不必在匈牙利分心，奥地利政府能够镇压其反对者。在施瓦岑贝格的邀请下，1850年5月，小国代表和奥地利在法兰克福会面，恢复了旧的德意志邦联议会。1850年11月，通过《奥尔米茨条约》（普鲁士历史学家称为"奥尔米茨之耻"），普鲁士人抛弃了他们的普鲁士同盟计划，承认了重建的邦联议会。

　　在1853—1856年的克里米亚战争中，土耳其、英国、法国和撒丁-皮埃蒙特击败了俄国，奥地利和德国设法没有被卷入。然而，奥地利威胁参战确实有助于刺痛俄国，使其于1854年从占领的多瑙河流域的公国撤出，随后同意建议的和平条款。持续的军事动员使奥地利财政枯竭。1859年，奥地利在与法国和撒丁-皮埃蒙特的战争中遭受失败，在和平协议中失去了伦巴第，但是保留了威尼西亚。

1863年，由于弗朗茨·约瑟夫皇帝担任在法兰克福举办的德语君主大会的主席，奥地利再次证明了其对德语各国的支配地位。然而，从1862年起担任普鲁士首相的奥托·冯·俾斯麦，却劝说其国王不去参会。普鲁士的缺席使得该大会难有作为。

1864年夏天，在一场谁应继承石勒苏益格和荷尔斯泰因公国的统治权问题引发的短暂战争中，普鲁士和奥地利一起击败了丹麦，获得了对两个公国的联合控制。俾斯麦巧妙地使紧张的管理局势升级，并最终于1866年夏天使这种趋势演变为普鲁士和奥地利之间的战争。除梅克伦堡和一些北部小邦外，德意志其余各邦站到奥地利这边。意大利成为普鲁士的盟国。奥地利在陆地和海上击败了意大利，关键性的"七周之战"7月3日爆发于克尼格雷茨（以及萨多瓦）——在布拉格以东大约65英里。普鲁士王储（即1888年在位仅99天的腓特烈三世皇帝）率领援军及时赶到，帮助锁定了陆军元帅赫尔穆特·卡尔·伯恩哈德·冯·毛奇伯爵（他随后在与法国人的战争中也取得胜利）的胜利，锁死了奥地利将军路德维希·冯·贝内德克的失败。[*]

之后米塞斯多次提到克尼格雷茨，是暗示1866年的短暂战争

---

[*] 贝内德克在意大利前线有丰富的经验，但是却被任命在北部战线，可能是因为要把较为容易的意大利指挥权交给哈布斯堡王室成员。这里提到了毛奇和贝内德克，因为米塞斯把他们分别作为胜利和失败的将军的例子。米塞斯还提到了卡尔·马克·冯·莱贝里希，1805年在乌尔姆投降拿破仑的奥地利将军，以及弗朗茨·久洛伊，在1859年战争中被击败的奥地利将军。——英文版编者注

造成的后果，战争以尼科尔斯堡的初步和约和最后的《布拉格和约》的签订作为结束。汉诺威国王被废黜，国土并入普鲁士。（要是英国的维多利亚女王是位男性，然后推测历史进程将会如何不同，会很有趣。她1837年的就职切断了之前英国和汉诺威的联合王位，汉诺威的《萨利法典》禁止女性登上王位。）奥地利把威尼西亚给了意大利，但没有给普鲁士领土。然而，奥地利被逐出了德意志邦联，这结束了其对德意志事务的支配权。虽然如此，奥地利人并没有立刻不再认为自己是德意志人。米塞斯引用了剧作家弗朗茨·格里尔帕策（1791—1872）的话来证明他们的情感。

旧的德意志邦联让位于北德意志联邦，后者由普鲁士和美因河以北其他各邦组成。成员各邦保留各自的行政权，但把军队和外交政策上交联邦政府，由俾斯麦控制。普鲁士也与南部德意志各邦谈判结盟。

失败的奥地利人转而整理其国内事务。他们与匈牙利人达成了妥协，给予匈牙利半独立地位，使其拥有自己的议会和政府。弗朗茨·约瑟夫皇帝于1867年6月8日（巧合的是，仅仅在其兵败被俘的弟弟、墨西哥皇帝马克西米连在墨西哥克雷塔罗被处决前11天）在布达佩斯接受加冕成为匈牙利国王。

xxii 1870—1871年的普法战争导致阿尔萨斯-洛林地区割让给德国。法国还必须支付50亿法郎的赔偿，这给1918年德国战败后协约国要求其赔偿提供了不幸的先例。

1871年1月，德意志帝国在巴黎近郊的凡尔赛宫举行的典礼上宣布成立。俾斯麦劝说不太情愿的巴伐利亚国王路德维希二世（后来被称为"疯狂的国王"）邀请普鲁士国王威廉一世接受世袭的德意志皇帝称号。德意志帝国吸收了 1867 年北德意志联邦的体系，包括联邦理事会和选举的国会；宪法为容纳南部巴伐利亚、符腾堡和巴登各邦做了修正。

同时，意大利也获得了统一。1861 年其他意大利各邦加入了撒丁-皮埃蒙特王国，宣告其国王维克托·伊曼纽尔二世为意大利国王。1870 年，当保护教皇的法国与德国开战时，意大利趁机攻取了教皇国，并把意大利首都迁到罗马。米塞斯提到了意大利解放和统一运动的三个英雄——朱塞佩·马志尼、朱塞佩·加里波第和卡米洛·奔索·迪·加富尔伯爵。他也提到了 19 世纪上半叶意大利的三位诗人和爱国者——贾科莫·莱奥帕尔迪、朱塞佩·朱斯蒂和西尔维奥·佩利科。

并非所有的意大利语领土都属于意大利王国，一些仍受奥匈帝国统治。这部分领土被称为意大利沦陷区，意大利民族统一主义就是指要求该地区解放并并入意大利的运动。第一次世界大战基本上实现了该运动的目标。米塞斯提到了诗人、小说家和剧作家加布里埃尔·邓南遮，他说服意大利在一战中加入协约国，他在空战中失去了一只眼睛，后来（米塞斯写作此书之后）领导了对阜姆（现称为里耶卡，属南斯拉夫）的非官方占领，使该地最终并入了意大利。

米塞斯有时在更广泛的意义上使用"民族统一主义"这个词，即任何国家吸收国界之外本语言民族所居领土的运动。特别地，民族统一主义在此广泛意义上是指鼓吹讲德语的奥地利并入德意志帝国。

1878 年，欧洲各大国的代表齐聚柏林，对俄国施加影响，要求其修订击败土耳其后强加给对方的苛刻条约。附带地，柏林会议也授权奥匈帝国占领并管理土耳其的波斯尼亚和黑塞哥维那省，该地现在属于南斯拉夫。此次占领并不是没有麻烦，米塞斯提到了黑塞哥维那和科托尔海湾周围的叛乱。奥匈帝国最终于1908年吞并了占领的省份。

国际政治另一个重要的发展就是1879年德国和奥匈帝国谈判结盟。明显地，1866年俾斯麦没有给奥地利施加一个过分苛刻的和平获得了回报。就像俄法联盟和其他联盟那样，这一联盟为今后一系列反应搭建了舞台。1914年并不直接卷入奥地利和塞尔维亚地区冲突的国家，被拖进了第一次世界大战。

米塞斯提到的威廉二世主义时代（Wilhelministic Era），是指德国皇帝威廉二世的统治时期，尤其是从1890年俾斯麦去职首相到第一次世界大战这段时间。

一战中同盟国的失败，导致奥匈帝国分裂为几个国家。通货膨胀势头不减。在德国，米塞斯提到的斯巴达克同盟成员于1918年12月改组为德国共产党，似乎一段时间有望获得至少在大城市的权力。

现在我们转向一些不适合在前述编年纵览中进行的解释和识别。德国和奥地利的内阁部长对皇帝而不是对议会负责。尽管政府不会因不信任投票而下台，议会多数对于通过特别立法条款也是必要的，并且政府偶尔会为了政治上的运作空间而寻求必要的多数。米塞斯轻蔑地提到这些情况。特别是在奥地利，议会情况和政党阵营由于混合民族结构和诸如特定学校使用什么语言之类的事情而复杂化。比如，米塞斯提到了1896年巴德尼的选举改革。（卡奇米日·菲力克斯·巴德尼伯爵是波兰贵族，1895年成为首相，其内阁财政大臣和外交大臣都来自帝国的波兰地区。1897 年德语派施加压力使巴德尼遭解职，他们认为他在行政部门使用语言的政策上，过于有利于捷克人。）米塞斯还提到了当时报道的政府讨好讽刺性绰号为"帝国和皇家社会民主党"的一些典故（"帝国和皇家"这一术语，在德语中缩写为"K.k."，指奥地利帝国和匈牙利王国，xxiv 意味着"政府的"或"官方的"事物）。

民族情况也存在于米塞斯提到的 1882 年林萨计划的背景中。极端德国民族主义者主张，通过将加利西亚、布科维纳和达尔马提亚分离出奥地利，通过两国享有共同的君主、将奥地利与匈牙利的联系削弱为纯粹的君合国，通过与德意志帝国建立海关同盟和其他紧密联系，重建德国对奥地利事务的支配权。他们显然并没有意识到，俾斯麦没有理由提供帮助，因为奥匈帝国的当前国内局势，与他处理国际事务的方法相符。极端德国-奥地利民族主义者的领导人是格奥尔格·里特尔·冯·舍纳勒尔，他后来将反犹太主义作为其纲领的一部分。

通过使用提喻法 (synecdoche)，米塞斯有时将波茨坦与魏玛相对立。波茨坦是普鲁士君主国的老家，该词象征着专制国家和军国主义。魏玛是文学和文化中心，通过称之为"诗人和思想家的国度"代表着德国这些方面的特征。（米塞斯也提到了德国文学的"古典时期"，大约相当于歌德时代。）

格拉古兄弟，根据米塞斯引用的拉丁说法，指提比略·格拉古和盖约·格拉古，是公元前 2 世纪的土地、社会和政治改革家。两个人死于两次不同的公众骚乱，其中一个死在寻求不合宪地再次当选保民官之后。

没有太大必要去识别米塞斯提到的每一个事件、人物或思想派别——亚历山大大帝等等。尽管如此，多说以下这些并没有害处。曼彻斯特学派是19世纪上半叶的英国经济学家群体，由理查德·科布登和约翰·布赖特领导，他们拥护市场经济和自由贸易政策。弗朗索瓦·魁奈（1694—1774）是法国医生和经济学家，强调农业的中心角色，他设计了经济表，这是一种初步的投入-产出表。

本尼迪克特·弗朗茨·利奥·瓦尔代克（1802—1870）是米塞斯举出的既是普鲁士民族主义者又是真诚的自由民主者的双重角色的例子。瓦尔代克是普鲁士最高法院的一名法官，也是1848年普鲁士选举大会的激进代表和宪法起草委员会的领导。作为普鲁士下议院反对派的成员，他坚定地抵制政府中的专制倾向。

我们特别推出米塞斯结束本书的讨论以恰当地结束本引言。米塞斯讨论了在选择社会主义和自由资本主义时，价值判断和实证分析的各自作用。米塞斯不仅从自由民主的视角，而且特别地从理性主义和功利主义哲学的视角进行了论证。

感谢美国企业研究所的托马斯·杰斐逊中心基金会和詹姆斯·麦迪逊中心，他们提供了准备翻译所需的大量文秘帮助。同样感谢安妮·霍布斯夫人、卡洛琳·索撒尔夫人和琳达·威尔逊小姐的出色工作。

利兰·耶格尔

引　言

　　如果某人提出是否能够以及如何避免世界大战的问题，那仅仅是由于缺乏历史意识。战争爆发的事实本身显示，那些用来引发它的力量超出了那些用来阻止它的力量。事实发生后就容易看出，事情可能会或本应该怎样更好地处理。显然，经历了大战体验的德国人民如果开始就有这些体验，他们不会开始这场战争。但是民族就像个人，只能吃一堑长一智，并且只能通过他们自己的体验。可以肯定的是现在很容易明白，如果在决定命运的 1848 年德国人民挣脱了君主专制的枷锁，如果魏玛战胜了波茨坦而不是波茨坦战胜魏玛，德国人民今天会处于非常不同的境遇。但是，当来到世上时，每一个人都必须接受自己的生活，每一个民族都必须接受自己的历史；没有什么比抱怨不再能够纠正的错误更无用，没有什么比后悔更徒劳。我们面对过去，既不像法官分配赞扬和责备，也不像复仇者寻找罪犯。我们寻找真理，而不是罪行；我们想知道事情是怎么发生的，去理解事情，而不是去发布责难。如果一个人按照检察官处理刑事案件卷宗那样的方式——为了控告而寻找材料——处理历史，那么他最好远离它。历史的使命，不是为了满足大众寻找英雄和替罪羊的需要。

　　这是一个民族对自己的历史应该采取的立场。将当前的仇恨和分歧投射到过去,在很久以前发生的战斗中为当今时代的争端寻觅武器,这不是历史的任务。历史应教我们认识起因,理解推动力量;当我们理解一切时,我们就会原谅一切。这是英国和法国处理它们历史的方式。不管持什么政治立场,英国人可以客观地考虑17世纪宗教和宪法斗争的历史,18世纪失去新英格兰各州的历史;没有英国人会在克伦威尔或华盛顿身上仅仅看到民族的不幸。不论他是波拿巴主义者、保皇主义者还是共和主义者,法国人不想把路易十四、罗伯斯庇尔或拿破仑从他们民族的历史中抹去。同样,对于捷克的天主教徒来说,不难理解他们时代的胡斯运动信徒和摩拉维亚同胞。这样的历史观念会毫无困难地产生对外国事物的理解和欣赏。

只有德意志人还远无这样的历史观念,即不用今日的眼光看待过去。甚至在今天,马丁·路德对一些德意志人来说是伟大的思想解放者,对另一些人来说则是基督的敌人的化身。这尤其适用于近代史。对于《威斯特伐利亚和约》之后的现代历史阶段,德意志人有两种历史进路——普鲁士-新教的和奥地利-天主教的,它们几乎不能达成丝毫共识。从1815年以来,出现了更广泛的观点冲突,关于国家的自由主义和威权主义思想的冲突,[①]后来,又出现了"无产阶级的"历史编纂与"资本主义的"历史编纂对立的企图。所有这些,表现出的不仅是显著缺乏科学观念和历史批评能力,而且是政治判断的极不成熟。

在不可能对解释久远的争斗取得共识的地方,更不可能指望对

①   关于这个方面,请比较 Hugo Preuss, *Das deutsche Volk und die Politik* (Jena: Eugen Diederichs, 1915), pp. 97 ff.。

评估最近的过去达成一致。同样在这里，我们已经看到两个尖锐对立的神话产生了。一方面，有人断言，德国人民在失败主义宣传的误导下，已经失去了权力意志；这样，通过"大后方的崩溃"，使得本可以全球在手的胜券在握，转变为惨重的失败。他们忘记了，直到不再有总参谋部通报决定性的胜利，直到数百万德国人在无意义的争斗中流血而死，而对手在数量上超过自己、在装备上优于自己，直到伴随死亡和疾病的饥饿降临在待在家里的人们身上，绝望才攫住德国人民。[①] 基本上远离真相的是另一个神话，它将战争和随后的失败归之于资本主义，这个基于生产手段私人所有的经济系统。它忘记了，自由主义总是和平主义、反军国主义的，直到普鲁士容克阶级和社会民主党工人阶级联手推翻了自由主义，俾斯麦和威廉二世的政策才大行其道。在诗人和思想家成为主战派意志薄弱的工具之前，自由主义精神的最后痕迹不得不首先从德国消失，自由主义不得不被视为一种不光彩的意识形态。它忘记了，德国社会民主党全体一致支持政府的战争政策，只有当军事失利再没有那么清楚地显示不可避免的失败，饥馑被更强烈地感受到时，才发生首先个人变节，然后大规模群体变节的情况。在马恩河战役和东方大溃败之前，德国人民中间不存在对战争政策的抵抗。

　　这种神话制造表明缺乏某种政治成熟，这只有必须承担政治责任的人才能获得。德国人不承担任何责任；他是国家的臣民，不是国家的公民。可以肯定的是，我们有一个叫作德意志帝国的国家，

---

　　① 　这并不是说，社会民主党激进派在 1918 年 10 月和 11 月的行为并没有给德国人民造成最可怕的后果。没有叛乱在内地和后方引起的完全崩溃，停战条件和和平会非常不同。但是，断言只要我们再坚持一小段时间就会取胜，则毫无根据。

并被称赞为实现了圣保罗教堂的理想。然而，相比拿破仑一世的意大利王国是意大利人的国家，或者沙皇亚历山大一世的波兰王国是波兰人的国家，这个大普鲁士并不更是德国人的国家。这个帝国并不产生于德国人民的意愿；不仅违背德国人民的意愿，也违背大多数普鲁士人民的意愿，它产生于克尼格雷茨的战场上，把不同想法的争论抛在脑后。它包括波兰人和丹麦人，但是却不包括数百万奥地利德意志人。它是德意志君主们的国家，不是德意志人民的国家。

许多最优秀的人物从不与这个国家妥协，其他一些人则较晚妥协并不太情愿。然而，站在一旁怨恨并不太容易。对德国人来说灿烂的日子来过，外部荣誉和军事胜利也曾纷至沓来。普鲁士的德国军队战胜过法兰西帝国和法兰西共和国，阿尔萨斯-洛林又成了德国的（或者不如说普鲁士的），庄严的帝国头衔恢复了。德意志帝国在欧洲列强中取得了令人尊敬的地位；德国战舰纵横大洋；德国国旗飘扬在——可以确定，相当不值得——非洲、波利尼西亚和东亚属地。所有这些浪漫化的活动注定会吸引那些喜欢围观行进队伍和宫廷庆典的大众的注意。他们因为有令人赞美之事和因为自己被满足而满意。同时，德国的繁荣也前所未有地增长。这些年，通过发展现代交通工具，最遥远的领土也完美地开放了，给德国带来了不曾梦想的财富。这与德国政治和军事的成功没有关系，但是人们匆忙地判断，"在它之后，因它产生"。

那些在1848年3月革命前蹲过监狱，1848年在街垒上战斗过并随后遭到流放的人，这时已变得年老虚弱了；他们或者与新秩序达成和解，或者保持沉默。新的一代成长起来，他们只看到繁荣、人口规模、贸易和航运的连续增长，一句话，人们习惯于称为好时代的所有东西。他们开始取笑父辈的贫穷和软弱，现在他们对诗人和思想家国度的理想只会表示轻蔑。在哲学、历史学和经济学方面出现了新的思想，权力理论走到前台。哲学成为王权和圣坛的保镖，历史学标榜霍亨索伦王朝的荣耀，经济学称赞社会导向的王权以及无差别关税表，并且进行反对"英国曼彻斯特学派毫无生气的抽象"的斗争。

对于经济政策的国家主义学派来说，一个放任的经济会表现为疯狂的混乱，只有国家干预可以为其带来秩序。国家主义者审视每一个经济现象，如果不符合其伦理和政治情感，就随时会拒绝它。国家当局的工作就是执行科学做出的判断，为普遍利益服务将代替自由发展造成的误事。国家是完全明智、完全公正的，总是只想着公共利益，国家具有与各种邪恶进行有效斗争的力量，这丝毫不受怀疑。尽管该学派的单个代表可能在其他方面有分歧，但他们全部同意一点，即不存在经济规律，把所有经济事件归结为力量因素的运作。[①] 国家可以将其政治-军事力量置于经济力量之上。对于德

---

① 庞巴维克在"力量还是经济规律"（"Macht oder ökonomisches Gesetz," *Zeitschrift für Volkswirtschaft, Sozialpolitik und Verwaltung*, vol. 23, pp. 205-271）一文中，精湛地评价了该学说。德国经济学的国家主义学派在格奥尔格·弗里德里希·克纳普的国家货币理论那里确实达到了顶点。值得注意的并不是国家货币理论的提出，因为它所讲述的内容已经被圣典学者、法学家、浪漫主义者和许多社会主义者信奉了几个世纪。更确切地说，值得注意的是这本书的成功。该书在德国和奥地利有众多热情的追随者，甚至那些有所保留的人们也赞同其基本观点。但在境外，该书几乎完全不被接受或注意。对于《货币的国家理论》一书，一部美国最近出版的著作认为："该书对德国人关于货币的见解有着广泛的影响。它典型地反映了使国家成为一切事物中心的德国思想倾向。"〔安德森，《货币的价值》（*The Value of Money*），纽约1917年，第433页注释。〕

国人民在国内外遇到的所有困难，首推军事解决；无情地使用力量被看作理性政策。

这就是世界称之为军国主义的德国政治思想。[①]

然而，那种把世界大战简单归因于军国主义阴谋诡计的公式是错误的。因为德国军国主义并不像英国和法国战争文学所说的那样，产生于"日耳曼种族"的暴力本性；它不是最终的原因，而是德国人民过去和如今生存环境的结果。无须深刻理解事物之间的关联就可以明白，如果德国人民处于英国、法国和美国的位置，他们就会和英国、法国和美国人民一样不希望发生1914年的战争。在给他们比给更幸运的西方人民带来更多问题的政治和经济事实下，德国人民从古典时期的和平民族主义和世界主义踏上了通往威廉二世时期军事帝国主义的道路。今天，德国人民不得不熬过的将重塑其经济和国家的境遇，再一次完全不同于其东西方邻居生活的境遇。人们如果想抓住这些境遇的所有特殊性，回顾似乎只有久远联系的事物就是不能回避的。

---

① 在德国，这一观点十分普遍：应根据强大军备的事实把外国视为军国主义。因此，该观点指出，在海洋和陆地保留了强大舰队和军队的英国和法国，至少与德国和奥匈帝国同样是军国主义。该观点基于一个错误认识。人们应该认识到，军国主义不是军备和为战争做好准备，而是一种特殊的社会类型，即那种被泛德意志主义者、守旧派和社会帝国主义者特指为"德意志国家"及"德意志自由"的社会，以及其他人赞扬为"1914年理想"的社会。它的对立面是企业类型的社会，即战争期间被德国某种舆论腔调讥讽为"小店主的理想"的社会，是"1789年理想"的体现。可比较赫宾特·斯宾塞《社会学原理》(*Principle of Sociology*)，费特尔翻译德文版(斯图加特1889年)，第三卷，第668—754页。德意志人和盎格鲁-撒克逊人对这两种社会类型的阐述和对比存在相当程度的一致，但是术语并不一致。对这两种类型的评估自然并不一致。实际上，在战争之前和战争期间，德国不仅有军国主义者，还有反军国主义者，英国和美国不仅有反军国主义者，还有军国主义者。

民 族 和 国 家

一、民族和民族性

1. 作为一个语言社群的民族

就我们所理解的意义，民族（nation）和民族性（nationality）概念是相对现代的。当然，民族是非常老的词汇，它来自拉丁语，很早就进入各种现代语言。但是，它具有另外一种含义。从18世纪下半叶开始，它才具有今天对于我们的意义，直到19世纪，该词的这个用法才变得普遍。[①]其政治意义逐步随着该概念而发展，民族性遂成为政治思想的中心点。"民族"一词和概念完全属于现代的政治和哲学个人主义思想范畴，这一思想仅在现代民主中对真实生活具有重要影响。

如果我们希望洞察民族性的本质，我们一定不能从民族开始，而必须从个人开始。我们必须问自己，个人的民族特征是什么，以及什么决定个人属于某个具体的民族。

---

① 参见 Meinecke, *Weltbürgertum und Nationalstaat*, third edition (Munich: 1915), pp. 22 ff.; Kjellén, *Der Staat als Lebensform* (Leipzig: 1917), pp. 102 ff.。

　　于是我们立刻认识到，这一民族特征可以既非其居住的地方，也非其所属的国家。并非每一个居住在德国或者具有德国国籍的人就仅仅因此而是德意志人。有的德意志人既不居住在德国，也不具有德国国籍。居住在同一地方并与一个国家具有相同的联系，在民族性的发展上确实发挥了作用，但是它们并不触及民族性的本质。具有相同的血统也没有什么不同。民族性的宗谱概念并不比地理或国家概念更有用。民族和种族（race）是不一致的，没有民族具有纯粹的血统。[①] 所有的人民来自于混合的种族。对于是否属于一个民族，血统并不是决定性的。因此并非每一个起源于德意志祖先的人就是德意志人；否则，多少英国人、美国人、马扎尔人、捷克人和俄国人会被称为德意志人？有的德意志人的祖先中没有一个德意志人。与起源不明的底层人民相比，追溯较高层次人口和著名男女人士的家谱，通常显示更多的外国祖先；然而，并非如人们通常设想的那样，底层人民也很少是纯粹血统。

　　有的作者真诚地调查血统和种族对于历史和政治的意义，他们取得了何等成功不在这里讨论。许多作者主张赋予种族社群政治意义，并追求种族政策。对于这种要求的正当性，人们可以有不同的观点，对此进行检验不是我们的关注点。那种要求今天是否已经被注意，种族政策是否和怎样真的被追求，也可以保留为未解决的问题。然而，我们必须坚决认为，就像民族和种族概念并不一致一样，民族政策和种族政策也不相同。而且，在种族政策的鼓吹者所使用的意义上，种族是个新概念，甚至比民族概念新很多。它作为

---

　　① 参见 Kjellén, loc. cit., pp. 105 ff., 及其引用的著作。

民族概念的故意的对应物被引入政治。这样，民族共同体的个人主义理想就被种族共同体的集体主义理想所取代。这种努力到目前为止没有成功过。在当前的文化和政治运动中，种族因素具有轻微的意义，与之形成鲜明对比的是，民族特征具有的重要意义。人类社会学派的创始人之一拉普居（Lapouge）在一代人之前说过，20世纪数百万人会由于头颅指数的一两点差异被屠杀。[①]我们经历了数百万人的屠杀，但是没有人可以断定长头和短头是这次参战各方的战斗口号。当然，我们仅处于拉普居所预言的世纪的20年代末。或许他将被证明是对的。我们不能追随其预言的内容，并且我们也不希望对仍隐藏在黑暗未来中的事物进行争议。在当今政治中，种族因素并不发挥作用，仅只这一点对我们就非常重要。

当然，我们的种族理论家著作的普遍业余水平不应该误导我们轻易跳过种族问题本身。确实几乎没有任何其他问题的澄清更有助于深化我们对历史的理解。或许历史的潮涨潮落中蕴含着终极知识，通往终极知识的道路指引着人类学和种族理论。当然，这些科学目前发现的内容依然非常稀少，错误、幻想和神秘主义的东西相对更多。这个领域存在真正的科学，但是也有很大的问题。或许我们永远无法解决它们，不过这不应该妨碍我们进一步调查，不应该让我们否认种族因素在历史中的重要性。

如果人们并不把种族吸引力作为民族性的本质，这并不意味着人们想否认种族吸引力对所有政治，特别是民族政治的影响。在真

---

① 参见 Manouvrier, "L'indice céphalique et la pseudo-sociologie," *Revue, Mensuelle de l'école Anthropologie de Paris*, vol. 9, 1899, p. 283。

实的生活中，许多不同的力量作用于不同的方向，如果我们想识别它们，我们就必须在头脑中尽可能地区别它们。不过，这并不意味着在观察一种力量时，我们就完全忘记仍有其他力量和它并肩起作用，或者是起相反作用。

　　我们知道其中一种力量是语言共同体，这的确毫无争议。如果我们现在说民族的本质在于语言，这并不是没有进一步争议的单纯的术语问题。首先，可以说在这么认为时，我们遵照语言的一般用法。我们首先用一个名称指一种语言，并在其本意上仅指该语言，该名称因此成为民族的名称。我们讲德语，所有带有"德意志"标签的事物都来自于德语：当我们谈到德意志著作、德意志文学、德意志的男男女女时，它们与语言的关系是明显的。而且，是否语言的名称比该民族的名称古老或者来自该民族，并不重要，一旦它成为语言的名称，它对于该表达用法的进一步发展就是决定性的内容。并且，如果我们最后谈到德意志河流和德意志城市、德意志历史和德意志战争，我们就会毫无困难地理解，归根结底该表达也会追溯到作为德语的最初命名。如前所述，民族概念是一个政治概念。如果我们想知道其内涵，我们就必须关注民族在其中发挥作用的政治。现在我们明白，所有的民族斗争都是语言斗争，它们的发生关乎语言。那些特定"民族的"东西存在于语言中。[①]

---

　　① 　参见 *Scherer, Vorträge und Aufsätze zur Geschichte des geistigen Lebens in Deutschland und Österreich* (Berlin: 1874), pp. 45 ff.。民族的标准存在于语言是 Arndt 和 Jacob Grimm 的观点。Grimm 认为，民族是"说相同语言的个人的总体"(*Kleinere Schriften*, vol. 7 [Berlin: 1884], p. 557)。Otto Bauer 调查了民族概念的学说史，*Die Nationalitätenfrage und die Sozialdemokratie* (Vienna: 1907), pp. 1 ff.，这方面的文献还有 Spann, *Kurzgefasstes System der Gesellschaftslehre* (Berlin: 1914), pp. 195 ff.。

语言共同体开始是一个部落共同体或社会共同体的结果，然而，它独立于其起源，本身如今成为创造明确社会关系的新纽带。儿童在学习语言时，其所吸收的思考和表达想法的方式，是该语言业已决定的，因此，他得到一个一生难以移除的印记。语言为个人与其他使用它的人交流想法打开了通道，他可以影响他们并受他们影响。语言共同体将个人和人民联系在一起，语言差异分离个人和人民。如果有人认为，将民族解释为语言共同体或许太不足取，那么他只需想一想，语言对于思考、对于表达想法、对于社会关系，以及对于所有的生活行为有多么巨大的重要性。

或许人们尽管承认这种联系，但常常拒绝认为民族的本质在于语言共同体，这产生于用该标准划分单个民族引起的某些困难。[①] 民族和语言不是不可改变的范畴，准确一点说，是一个连续变迁过程的暂时结果。它们日复一日发生着改变，因此我们面前出现了丰富的过渡类型，对它们的分类要求一定的沉思。

一个德意志人是用德语思考和表达的人。就像对德语有不同 11 程度的掌握一样，因此也有不同程度的德意志人。受过教育的人浸透了语言的精神和用法，与未受过教育的人使用语言的方式迥异。形成概念和掌握词汇的能力是教育的标准；完全领会别人所说和所写的内容，在讲话和写作中准确表达自己，是学校恰当地强调获得的能力。只有那些完全掌握德语的人，才是德意志民族的完全成员。仅仅在其可以理解德语讲话的范围内，未受过教育的人才是

---

① 更进一步，需明确指出，随着民族本质的每一个其他解释的出现，会出现更大程度、不可克服的困难。

德意志人。一个村庄里的农民将自己与世界隔离，仅仅懂家乡的方言，不能使其他德国人理解自己，不懂书面文字，并不能算作德意志民族的成员。[①] 如果所有其他德意志人灭绝了，只有那些仅懂自己方言的人们幸存，那就不得不说德意志民族消失了。那些农民也不是没有某种民族性色彩，只是他们不属于德意志民族，准确一点说他们属于说同一种方言的人们组成的小民族。

个人通常只属于一个民族。然而，一个人属于两个民族的情况确实不时发生。这种情况还不只是表现为他可以说两门语言，更体现在他仅以这样一种方式掌握两门语言：他可以用两者中任何一种思考和讲话，并且完全吸收了每种语言特有的思考方式。这样的人有很多，超出了人们的一般想象。在种群混居的地方和国际商业贸易中心，人们可以在商人、官员等人士中经常遇到这样的人。并且，他们经常不是受到最高等教育的人。在接受更多教育的男女中，双语人士很少，因为真正受教育者的标志是尽善尽美地掌握语言，而这通常只在一门语言上达到。一个受教育者可能掌握更多的语言，并且所有这些语言远比双语人士掌握得好；然而，如果他仅仅用一种语言思考，把所有在外语中听到和看到的事情通过他自己语言的结构和概念构成所形成的思考方式处理，那么他只能算在一个民族内。然而，甚至在"受过教育的百万富翁"中，[②] 也有双语人士——那些完全吸收两种文化圈教育的男女。相比其他地方，他们过去和现在更多出现于这些地方，即具有古老文化的古老的、完全发展的

---

　　① 　Spann 也承认，民族共同体概念有一个程度的问题 (loc. cit., p. 207); Bauer 解释了民族仅仅包括受教育的人们的问题 (loc. cit., pp. 70 ff.)。

　　② 　参见 Anton Menger, *Neue Staatslehre*, second ed. (Jena: 1904), p. 213。

语言与刚刚完成获得文化过程的民族的还是适度发展的语言彼此遭遇的地方。在那里，人们在生理上和精神上更容易掌握两种语言和两个文化圈。这样，在波希米亚，现在活着的这代人之前的那代人要远比当前有更多的双语人士。在某种意义上，人们可以把所有那些除了标准语外还完全掌握一门方言的人算作双语人士。

每个人通常属于至少一个民族。只有儿童和聋哑人没有民族；儿童通过进入语言共同体获得智识居所（intellectual home），聋哑人则通过发展思考能力、得到与民族成员相互理解的能力获得智识居所。这里运作的过程与已经属于一个民族的成人转换到另一个民族的过程基本相同。①

语言研究者发现了语言之间的关系，他们识别了语系和语种，谈到兄弟语言和派生语言。有人想把这一概念直接扩展到民族；此外，其他人想把人种关系安排成为民族关系。两种想法都完全行不通。如果有人想谈及民族关系，他可以仅仅参考民族成员之间相互理解的可能性做到这一点。在这个意义上，方言相互之间以及方言与一种甚至多种标准语有关系。甚至标准语之间，比如各个斯拉夫语之间，也有这种关联。它对民族发展的重要性仅体现在如下事实上，即，便利从一种民族性过渡到另一种民族性。

另一方面，语言之间的语法关系便利学习它们，这在政治上极 13

---

① 曾经有过德意志父母的孩子必须由市政当局付费养大的情况（所谓的寄宿儿童），维也纳市政当局将他们交给乡下捷克养父母照顾，这些儿童就成长为捷克人。另一方面，也有非德意志父母的儿童被德意志养父母德意志化的。一位波兰贵族女士曾经救济维也纳市，让波兰父母照顾儿童，为的是让儿童们长成为波兰人。不管这些孩子的父母属于什么民族，没有人怀疑所有这些儿童会成为完全的捷克人、德意志人或波兰人。

不重要。文化和政治上的密切关系并不产生于此，政治结构不可能在此基础上建立。人民之间关系的概念不是来自民族政策（个人主义思想范围），而是来自种族政策（集体主义思想范围），它被有意发展成为现代自治的自由导向概念的对立面。泛拉丁主义、泛斯拉夫主义和泛日耳曼主义是同各族人民的民族奋斗对立的怪物，它们的结局总是失败。在当时追求相似政治目标的人民兄弟般的节日庆典上，它们听起来很美妙；然而一旦对它们希望过多，它们就不免失败。它们从来没有掌握权力形成国家，也没有国家基于它们而建立。

有人一直拒绝把民族的本质特征归于语言，一个关键的背景就是，他们不能将该理论与现实调和一致。确实有这样的例子，即一个民族说几种语言；也有几个民族说一种语言的例子。断言一个民族的成员讲几种语言是可能的，这可由"捷克斯洛伐克"和"南斯拉夫"各民族的情况得到支持。在这场战争中，捷克与斯洛伐克是作为一个统一的民族。较小的斯洛伐克群体的独立主义努力至少没有明显表现出来，也没有能够获得任何政治成功。目前，似乎要形成一个捷克斯洛伐克国家，包括所有捷克人和斯洛伐克人。然而，捷克人和斯洛伐克人并没有因此而形成一个民族。产生斯洛伐克语的方言与捷克语的方言极其接近，一个仅懂自己方言的斯洛伐克农民可以毫无困难地与捷克人，特别是说自己方言的摩拉维亚人交流。在开始发展出一种独立的标准语之前，即大约从18世纪末到19世纪初，如果斯洛伐克人与捷克人有更紧密的政治联系，那么毫无疑问，发展出斯洛伐克标准语的可能性就让位于在斯瓦比亚发展出一种独立的斯瓦比亚标准语。对于在斯洛伐克创造出一种

独立语言的努力，政治动机是关键性的。然而同样由于政治环境，14
完全根据捷克模型形成的在各个方面与其有紧密联系的斯洛伐克
标准语，可能不再发展。在马扎尔国家的统治下，斯洛伐克人被排
斥在学校、政府机关和法院之外，伴随着大众年鉴和抗议传单过着
悲惨的生活。又是斯洛伐克语的轻微发展引起了采纳捷克标准语
的努力，而这种努力在斯洛伐克从一开始就在进行，获得越来越多
的基础。今天在斯洛伐克存在两种相反的运动：一种想把所有捷克
主义从斯洛伐克语中根除，发展纯洁、独立的语言；另一种希望斯
洛伐克语与捷克语同化。如果后一运动占上风，斯洛伐克人就会变
成捷克人，捷克斯洛伐克国家就会演变为纯粹的捷克民族国家。然
而，如果前一运动占上风，并且捷克国家不想作为压迫者，那么它
就逐渐被迫允许斯洛伐克自治，最终或许完全独立。不存在由讲捷
克语的人和讲斯洛伐克语的人组成的捷克斯洛伐克民族。我们眼
前看到的是独有的斯洛伐克民族的生存斗争。未来它如何发展取
决于政治、社会和文化等诸多环境。从纯粹语言的观点看，两种发
展都是可能的。

斯洛文尼亚人和南斯拉夫民族的关系也是如此。自从斯洛文
尼亚语诞生，它就一直在独立还是同克罗地亚语近似或完全混同之
间斗争。在伊利里亚运动争取统一的范围内，它想包括斯洛文尼亚
语。如果斯洛文尼亚人未来能够保持独立，那么南斯拉夫国家就不
得不允许斯洛文尼亚人自治。

南部斯拉夫也为我们提供了最经常被引用的两个民族说同一
种语言的一个例子。克罗地亚人和塞尔维亚人使用同一种语言。
他们之间的民族区别被认为只在于宗教。这被说成是不可能用如

下理论解释的例子——将一个民族与众不同的属性归于语言。

　　在塞尔维亚-克罗地亚人民中间，存在尖锐的宗教冲突。一部分人属于东正教，另一部分人属于天主教，今天甚至穆斯林也形成了一个不可忽视的部分。除了这些宗教对立，还有政治宿怨，部分更是产生于今天已大大超越其政治环境的时代。然而，对所有这些宗教和政治方面分离的人们来说，他们的方言的关系却格外紧密。这些方言相互密切到这种程度，以至于从任何一方进行的形成标准语的努力，总是达到相同的结果；所有的努力总是导致相同的标准语。伍克·斯特凡诺维奇·卡拉志奇想创造一种塞尔维亚语，德维特·盖伊想要一种统一的南部斯拉夫语，泛塞尔维亚主义和伊利里亚主义直白地相互对立。但是，既然他们要处理同样的语言材料，他们工作的结果就是一致的。他们创造的语言相互差别如此之小，以至于它们最终混合成为一种统一语言。如果塞尔维亚人不专门使用西里尔字母，克罗地亚人不专门使用罗马字母，那么对一个民族或另一个来说就不会有产生于书面表达的外在标志。字母不同不可能长期分裂一个统一的民族，德意志人也使用不同形式的书写，这并不具有任何民族意义。战前最后岁月和战争期间的政治发展本身显示，奥地利弗朗茨·斐迪南大公及其追随者的政策建立的是空中楼阁，这建立在克罗地亚人和塞尔维亚人的宗教差异上，而这早就失去了其早期的重要性。似乎不用怀疑，同样在塞尔维亚人和克罗地亚人的政治生活中，共同语言的民族元素将推翻所有的妨碍因素，宗教差异不会在塞尔维亚-克罗地亚民族中扮演比在德意志民族中更重要的角色。

　　显示语言共同体和民族并不一致的另外两个常常被提及的例

子是，盎格鲁-撒克逊和丹麦-挪威的情况。有人断言，英语被英国人和美国人两个民族使用，仅此一点就显示，仅在语言中寻求民族标准是行不通的。实际上，英国人和美国人是一个单一民族。那种把他们算作两个民族的倾向产生于这样的事实：人们习惯于把民族性原则解释为必定包含把民族的各个部分统一为一个国家的要求。下一节将会显示这一点儿也不准确，因此，民族标准绝不应该在形成统一国家的努力中寻找。英国人和美国人属于不同的国家，两个国家的政策并不总是调和，它们之间的不同甚至偶尔会导致战争——所有这些仍不能证明英国人和美国人并不是一个民族。没有人会怀疑英国与其自治领和美国由民族纽带束缚在一起，这在重大的政治危机中将展示其向心力。世界大战的证据显示，仅在整个民族似乎并不受到其他民族威胁时，盎格鲁-撒克逊民族各个部分的不和才显现出来。

乍看起来，爱尔兰问题似乎更难与语言民族理论调和。爱尔兰人曾经一度形成独立的国家，他们使用一种单独的凯尔特语。在19世纪初，80%的爱尔兰人口仍讲凯尔特语，超过50%的人一点儿英语也不懂。从那时起，爱尔兰语大为萎缩。只有60万多人仍在用它，在爱尔兰很少有人不懂英语。当然，今日在爱尔兰，也有唤醒爱尔兰语使其获得新生、普遍使用的努力。然而，事实是，许多站在爱尔兰政治运动一边的人从民族性来说是英国人。英国人和爱尔兰人的对立是社会和宗教性的，并不单单属于民族本质，所以会有大量从民族性来说是非爱尔兰人的爱尔兰居民也参加了运动。如果爱尔兰人能够成功获得他们争取的自治，并不排除今日爱尔兰的英国人口的大部分会同化为爱尔兰民族。

　　大量引用的丹麦–挪威的例子也不能削弱民族性存在于语言的认定。在数个世纪之久的挪威和丹麦政治联盟期间，老的挪威标准语完全让位于丹麦标准语，它仅在农村人口所讲的无数方言中痛苦地存在着。在1814年挪威从丹麦分离出来后，挪威人努力创造自己的民族语言。一派人力图在旧挪威语基础上创造新挪威标准语，但是，他们的努力确定失败了。成功属于那些仅仅寻求引入挪威方言词汇丰富丹麦语表达，但是另一方面支持保留丹麦语的人。伟大的挪威作家易卜生和比昂松的作品就用这种语言写作。① 这样，丹麦人和挪威人今天仍构成一个单一民族，即使他们政治上属于两个国家。

2. 方言和标准语

　　在原始时代，每一次迁徙不仅造成部族、部落之间的地理分离，而且造成智力分离。经济交换尚不存在，也没有联系接触能够对抗分化和新习惯的出现。每一个部落的方言越来越不同于其祖先尚居住一起时所讲的话。方言的分裂不中断地持续进行。后代们相互不再理解。

　　之后，对语言统一的需要产生于两个方面。贸易的开端使得不同部落成员间的理解成为必要。但是，当贸易中的个体中间商掌握了必要的语言后，这种需要就得到了满足。在早期，当较远地方之间交换货物还不那么重要时，语言基本上不会超过单个表达和词族，它们一定通过这种方式获得更一般的使用。政治变化对方言

---

　　① 在《培尔·金特》(*Peer Gynt*)(第四幕，精神病院场景)剧中人物 Huhu 身上，易卜生取笑了独立的"挪威"语言倡导者的努力。

的统一具有更加重要的意义。征服者出现，创造了国家和各种政治联盟。广阔领土的各个政治领导人形成紧密的个人联系，无数部落的所有社会阶层成员在兵役中联合起来。宗教组织出现了，部分独立于政治和军事组织，部分与其有紧密联系，并从一个部落传播到另一个。语言方面与政治和宗教方面携手努力争取统一。不久，统治或祭祀部落的方言就对被征服者或世俗信徒的方言取得优势，很快，从国家和宗教成员的不同方言中形成了统一的混合方言。

　　统一语言最强大的基础是引入书写方式。书面保存宗教教义、歌曲、法律以及记录比它们用方言表达占有优势。现在，语言的进一步分裂被阻止了，有了似乎值得实现和模仿的理想表达方法。围 18 绕在早期甚至今天字母表上字母——至少是它们的印刷体——的神秘光环并没有完全消失，这提高了书写所用的方言的声誉。在各种方言并存的混乱中产生了通用语言，它是统治者和法律的语言，教士和歌唱家的语言，文学的语言。它成为地位较高者和受更多教育者的语言，成为国家和文化的语言，①最终作为唯一正确和高贵的语言。然而，产生它的各种方言从此被认为是低等的。人们认为这些方言是书面语言的变质，开始把它们鄙视为普通人的语言。

　　对于统一语言的形成，政治和文化影响从一开始就总是一起发挥作用。大众方言的自然因素在于，它从说它的人们的生活中获得力量。另一方面，标准和统一语言是书房和官署的产物。当然，归

---

　　①　人们必须区分书面语言与文化语言或标准语言。当方言具有书面文学时，就不再否认它们具有书面语言的名称。所有那些声称能够口头和书面表达所有人类思想的语言，就应该被称为标准语言，从而也是科学和技术语言。两者之间的边界自然不可能总是清晰划定的。

根结底它也产生于大众口语词汇以及天才诗人和作家的创造。但是，它也总是大量掺杂着或多或少的卖弄学问和不自然的地方。儿童从他母亲那里学习方言，这可以说是他的母语。标准语则在学校教授。

在当今标准语和方言的竞争中，方言的优势是，它在人们最善于接受的年龄已经抓住了他们。但是，标准语也并非无可奈何。它是通用语言，有助于突破地区限制、拓宽交流圈子，这使其对国家和教会变得不可或缺。标准语是书面遗产的承担者和文化的媒介。这样它可以战胜方言。然而，如果它和方言差距太大，如果它随着时间流逝同方言日渐疏远以致仅有努力学习它的人才可以理解，那么它一定会屈服。这样，一个新的标准语会从方言中产19 生。因此，拉丁语被意大利语取代，教会斯拉夫语被俄语取代；因此，在现代希腊语中，大众语言或许将战胜古典风格的纯正希腊语（katharevousa）。

学校和语法学家习惯性地套在标准语身上的光环，他们对标准语规则给予的尊重，以及他们对违反这些规则的任何人表示的蔑视，造成了标准语和方言之间关系的歪曲报道。方言并不是变质的标准语，它是原始的语言。标准语只能来自于方言，不论是一种单一方言还是由不同方言人工形成的混合形式被提高到标准语的地位。因此，某一特定方言是否属于这种或那种标准语的问题并不存在。标准语和方言的关系并不总是那种明确的联系或者真正的高等和低等，从这个角度讲，单单语言的历史和语法背景并不是决定性的。过去和当前的政治、经济和一般文化发展，决定了特定方言的使用者倾向于哪种标准语；这样可能发生如下情况，一种统一的方言将自己部分归属于一种标准语，部分归属于另一种标准语。

特定方言的使用者转型使用一种特定标准语，其后的过程不管是专门使用标准语还是与方言一起使用，都是一个民族同化的特例。它尤以转型为语法上接近的标准语为特点，一般说来，通过这种方式在特定的情况下成为唯一能得到的标准语。巴伐利亚农民的儿子一般没有其他方式获得文化，只能通过德语标准语；尽管在很罕见的特殊情况下，没有这种迂回，他会直接成为法国人或捷克人。对于低地德意志人来说，有两种现成的可能性：被德语标准语同化，或被荷兰标准语同化。他采取哪一种路线既不取决于语言考虑，也不取决于宗谱考虑，而是取决于政治、经济和社会考虑。今天，不再有任何纯粹的低地德语村庄，到处盛行至少双语主义。设想如果一个低地德语区域今天被隔离出德国加入荷兰，德语学校、德语官员和法庭语言相应地都被替换为荷兰语的，那么受影响的人们会把所有这些看作民族强奸。然而，一百年或两百年前，一小块德意志领土的这种分离可以被毫无困难地执行，当时被分离的人们 20 的后代今天可以是完全的荷兰人，如同他们今天事实上是完全的德国人。

在东欧，学校和政府机构还根本不像西欧那样重要，这种情形今天仍可能存在。语言专家能够确定在上匈牙利（upper Hungary）所说的大多数斯拉夫方言是更接近斯洛伐克语还是乌克兰语，或许在大多数情况下也能确定在马其顿一种特殊方言是更接近于塞尔维亚语还是保加利亚语。然而，这仍没有回答这样的问题，即是否讲这种方言的人是斯洛伐克人还是乌克兰人，是塞尔维亚人还是保加利亚人。因为，这不仅取决于语言条件，还取决于政治、教会和社会条件。一个其方言毫无疑问更接近塞尔维亚语的村庄，如果它得到一座保加利亚教堂和一所保加利亚学校，会更快地或多或少采用保加利亚标准语。

只有这样，人们才能理解极其困难的乌克兰语问题。乌克兰人是否为一个独立的民族，还是说特定方言的俄罗斯人，以这种形式提出的问题是没有意义的。如果 17 世纪乌克兰人没有失去独立，仍独立于沙皇的大俄语国家（the Great Russian state），那么一个独立的乌克兰标准语可能已经发展起来了。如果所有乌克兰人，包括在加利西亚、布科维纳和上匈牙利的那些人，至迟在 19 世纪上半叶才处于沙皇统治下，那么这可能不会阻止独立的乌克兰文学的发展；但是这种文学很可能具有这样的地位，其与大俄语的关系就如同低地德语作品与德语的关系。它会保留用方言写作的诗集，没有特别的文化和政治主张。然而，几百万乌克兰人处于奥地利统治之下，宗教上也独立于俄罗斯，这种情况为形成一种独立的罗塞尼亚标准语创造了先决条件。无疑，奥地利政府和天主教堂更希望奥地利罗塞尼亚人发展一种独立的语言，而不是使用俄语。在此意义上，波兰人断言罗塞尼亚人是奥地利人的发明，确有真理的成分。波兰人的错误仅在于他们说，没有对罗塞尼亚愿望萌芽的这种官方支持，在东加利西亚就不会有任何罗塞尼亚运动（Reussen movement）。东加利西亚人的民族崛起，本可以像其他没有历史的民族的觉醒一样，受到较小的压迫。如果国家和教会并不寻求指导它进入其他轨道，那么它很可能从一开始就形成一种较强的大俄语导向。

这样，加利西亚的乌克兰语运动至少显著地促进了乌克兰人在南俄罗斯的分离主义斗争，或许甚至为他们注入了活力。最近的政治和社会动荡有力推动了南俄罗斯的乌克兰主义，以至于它不再被大俄罗斯主义压倒，并不是完全不可能。但是，这不是人种志方面的问题或者语言方面的问题。不是语言和种族的关系程度，而是政治、经济、宗教和一般文化环境，决定是乌克兰语还是俄语胜出。由于这个原因，乌克兰的前奥地利和匈牙利部分，与长期以来的俄国部分，最后的结果很可能并不相同。

　　斯洛伐克的情况相似。斯洛伐克语独立于捷克语，也是某种意义上意外发展的结果。如果摩拉维亚人和斯洛伐克人没有宗教不同，如果不迟于18世纪斯洛伐克同波希米亚和摩拉维亚有政治联系，那么一个独立的斯洛伐克书面和标准语几乎不能演化出来。另一方面，如果匈牙利政府不太强调斯洛伐克人的马扎尔化，在学校和机关中给予他们的语言更多的范围，那么它就很可能发展得更为强大，今天就会有更大力量抵抗捷克语。[①]

　　对于语言专家来说，根据特定标准语对各个方言分类，据此来划分语言的边界，一般不是不可能。他的决定并不影响事件的历史　22进程。政治和文化事件是决定性的。语言学不可能解释为什么捷克和斯洛伐克成为两个独立的民族；如果未来两者或许合并为一个

---

　　① 还可以举出更多例子，比如也包括斯洛文尼亚语。在一些例子中，类似的事情在较小规模上被尝试，这些例子被给予特殊关注。这样——按照我应该感谢的维也纳斯拉夫语学者诺伯特·约克尔博士提供的信息——匈牙利政府在翁格县努力使斯洛伐克和罗塞尼亚当地方言在那里独立使用；出现了用这些方言的报纸，其中对罗塞尼亚方言来说，使用了拉丁字母和马扎尔化的拼写。同样，在佐洛县，出现了使斯洛文尼亚方言独立的努力，当地人口是新教徒而不是奥地利斯洛文尼亚人的事实便利了这种努力。学校教材用这种语言出版。在帕帕，有一个专门培训这种语言教师的机构。

民族, 它也给不出解释。

3. 民族变迁

长久以来, 民族被认为是不变的范畴; 人们没有注意到, 人民和语言在历史的进程中会发生巨大的变化。10 世纪的德意志民族与 20 世纪的德意志民族是不同的民族。这一点在以下事实上甚至更加明显: 今日的德意志人讲一种与奥托王朝时代语言不相同的语言。

对于个人而言, 属于一个民族不是不可改变的特征。一个人可以更接近自己的民族, 也可以疏远它; 他甚至可以完全离开它, 换成另外一个民族。

民族同化当然必须与种族的混合和更替相区别, 虽然两者有一定的关联。对民族同化这种现象的历史意义, 怎么评价都不为过。它是形塑人民和国家历史的那些力量运作的一个显现。我们看到, 它无处不起作用。如果我们可以完全理解其条件和本质, 我们就可以在理解历史发展的道路上更好地前进。与这一问题的重要性形成鲜明对比的是, 历史科学和社会学目前对它的忽视。

语言服务于人们与同胞的交流。不论谁想和他的同胞说话, 理解他们所说的话, 都必须使用他们的语言。因此, 每个人必须努力理解和使用其所处环境的语言。由于这个原因, 个人和少数人采纳多数人的语言。然而, 这种情况的先决条件总是, 多数人和少数人之间发生接触; 如果不是这样, 就不会发生民族同化。如果少数人和多数人的接触更加紧密, 如果少数人内部的接触更加弱化, 如果少数人同其居住在远方的本民族的接触更加弱化, 那么同化过程就会加快。据此可以立即看出，不同民族的社会地位一定特别重要，因为个人的接触面或多或少与其阶层身份绑在一起。这样，处在一个异族环境中的特定社会阶层不仅可能保持他们自己的习俗和语言达数个世纪，还可以同化其他人加入他们。一位大约 1850 年迁徙到东加利西亚的德意志贵族，不会成为一个罗塞尼亚人，而会成为一个波兰人；一位大约 1800 年定居布拉格的法国人，不会成为捷克人，而会成为德意志人。然而，通过向上的社会流动加入统治阶级的东加利西亚罗塞尼亚农民，也会成为波兰人，上升成为中产阶级的捷克农民的儿子会成为德意志人。[①]

在一个由阶级和阶层组成的社会，不同民族可以在同一领土上共同生活数个世纪，而不失去他们的民族特点。历史提供了足够的例子。在波罗的海平原的利沃尼亚、爱沙尼亚和库尔兰，在卡尼奥拉和南斯第里尔，德意志贵族在其他人民的环境中生存了许多代人；在波希米亚、匈牙利和波兰城市的德意志中产阶级也是如此。另一个例子是吉普赛人。如果缺乏民族间的社会接触，如果民族间没有通婚权，仅在限定的程度上存在贸易权，如果仅在罕见的例外情况下才可能改变一个人的阶级或阶层，那么民族同化的条件就很难出现。这样，在一国内操另一种语言的自我封闭的农民定居点，可以同农业阶层束缚在土地上一样长久地维持自己。然而，当自由经济秩序解开所有束缚，消除阶级的特权，给工人们迁徙的自由时，僵硬的民族分层便会松动。向上的社会流动和移民使得少数民族

---

① 参见 Otto Bauer, "Die Bedingungen der Nationalen Assimilation," *Der Kampf*, vol. V, pp. 246 ff.。

迅速消失，至少他们被推到防守的地步，只能非常困难地维持。

　　从一个社会阶级转到另外一个社会阶级的障碍被推倒，个人自由迁移，使现代人获得自由的一切事情，极大便利了标准语相对方言的进步。一位英国文献学者几十年前曾经评论道："在极大改进的交通和通信工具今天带给人们巨大的震动，并以梦想不到的方式将人们混合在一起的地方，这标志着当地方言以及当地风俗、习惯和用法的结束；火车的汽笛唱响了它们的挽歌。它们在几年内会消失；几年后就会太迟，以至于来不及收集它们和保护它们。"① 今天，甚至任何一个德国农民或工人，也至少都理解标准高地德语，并且如果必要的话可以使用它。学校为加速这个过程做出了贡献。

　　自然同化是通过与说其他语言的人们的个人接触，与此大不相同的是人造同化，它是通过国家或其他强迫手段使其失去原民族资格。作为一个社会过程，同化依赖一定前提条件；其前提条件存在时，它才能够发生。强迫性的方法因此是无力的；当前提条件消失或没有被创造出来时，它们永远不会成功。行政强迫有时会带来这些条件，因此会间接带来同化，但它不可能直接带来民族转化。如果一些个体被置入一个与其本民族隔断的环境，只能依赖与外国人的接触，那么这就为同化铺平了道路。但是，如果使用的唯一强迫性的方法也不能影响口语的使用，那么民族压迫的企图就几无成功的前景。

　　在现代民主时代开始之前，当民族问题尚不具有它们今天具有

---

　　①　参见 Socin, *Schriftsprache und Dialekte im Deutschen nach Zeugnissen alter und neuer Zeit* (Heilbronn; 1888), p. 501。

的政治重要性时，仅出于这个原因就不会有民族压迫问题。在 17
世纪的波希米亚，如果天主教会和匈牙利国家镇压捷克文学，它们
是出于宗教和政治动机，而不是民族政策考虑，它们是迫害异教徒
和起义者，而不是捷克民族。只是在相当晚近的时候才有大规模民
族压迫的企图。与其他国家相比，俄国、普鲁士和匈牙利是典型的
采取强迫手段使人们失去原民族资格的国家。俄罗斯化、德意志化
和马扎尔化取得多少成功是众所周知的。在这些经验之后，预测未
来可能的波兰化和捷克化努力的结果并不是一件讨人喜欢的工作。

二、政治中的民族性原则

25

1. 自由或和平主义的民族主义

政治应该是民族的，这在现代才被视为理所当然。

在大多数欧洲国家，从近代开始，君主专制国家（princely
state）就取代了中世纪的等级制度（estate system）。君主专制国家
的政治观念就是统治者的利益。路易十四的著名格言"朕即国家"
就最精炼地表达了该观念，这种观念一直存在于欧洲三大宫廷直到
晚近的剧变。然而魁奈的学说已经引发了新的国家观念，他在其著
作前面引用的如下箴言意思就很明白：贫穷的农民，贫穷的王国；
贫穷的王国，贫穷的国王。在他看来，仅仅揭示国家的繁荣依赖于
农民的富裕是不够的，他一直认为，还必须揭示出：只有当农民富
有之后，国王才能也富有起来。由此，采取措施提高农民福利的必
要性得以证明，因为国家的目标正是君主。

　　18 世纪和 19 世纪，产生了反对君主专制国家的自由理念。它使古代共和与中世纪自由城市的政治思想复苏；它与反君权运动的反对君主联结在一起；它以英国的先例为榜样，英国的王权在 17 世纪就已经遭受过一次彻底的失败；它利用哲学、理性主义、自然法和历史的全部武器来战斗；它通过文学赢得了大众，使文学完全为之服务。君主专制最终屈服于争取自由运动的进攻，取而代之的是这里出现了君主立宪制，那里出现了共和国。

　　君主专制国家是没有自然边界的，不断增加家族财产是君主们的理想，每一位君主都努力使自己留给后代的土地广于他从父亲那里继承下来的土地。不断获取新的领地，直到遇上另一位同样强大甚至比他更强大的对手为止，这就是国王的使命。他们对于土地的贪婪，使他们根本不知边界为何物，每一位君主的行为及捍卫君主专制理念的文献的观点都能证明这一点。最重要的是，该原则威胁着所有弱小国家的生存。它们之所以还能维持生存，应归功于大国之间彼此嫉妒，这些大国不安地互相提防，以防任何一个变得过于强大。这就是欧洲均衡的概念，构成了它们之间一次又一次的合纵连横。在有可能不危及这一均衡的地方，小国就惨遭毁灭，比如波兰被瓜分。君主们看待国家的方式，跟地产主看待其森林、牧场、农地没有任何不同。他们出售国土，他们也交换国土（比如，为了使边界"更齐整"），居民的统治权每次也随之转移。按照这种解释，共和国就是无主财产，任何人只要有能力就可以占有。这种政策一直到 19 世纪达到顶峰，体现在 1803 年的《神圣罗马帝国代表法令》、拿破仑设立诸个国家以及维也纳会议的决定中。

　　在君主们看来，土地和人民无非就是君主所有权的对象而已：

前者构成了主权的基础，而后者则是土地所有权的附属物。对于生活在"他的"土地上的人民，君主们要求他们服从和忠诚；他把人民简直就当成自己的财产。而把他和他每个臣民联结起来的这一纽带，也应该是使所有个人联结为一体的唯一途径。专制统治者不仅认为，其臣民之间的任何其他社会组织都是危险的，因此他总是努力打破臣民中一切传统的团结合作关系，只要它们不是根据他所颁布的国家法令设立，并敌视任何新的社会组织的形成，哪怕是通过俱乐部的形式；同时他也不允许不同地区的臣民开始感觉到同为臣民的那种同志情谊。不过，当然，君主在撕裂了所有阶级联系，使其臣民不再囿于贵族、资产阶级和农民的身份的同时，也使整个社会陷入原子化，从而为新的政治情感的兴起创造了前提条件。臣民们已经越来越习惯于认为自己并不是什么狭窄圈子的一员，而是一个人，是民族的一员，是国家和世界的一个公民，从此开辟了一种全新的世界观。

自由主义的国家理论与君主专制正相反，它拒绝君主式的对土地的贪欲和用领土讨价还价。首先，这种理论发现，国家与民族一致是当然的事情。因为，在大不列颠——自由国家的楷模——是这样，在法国——为自由而战斗的圣地——也是这样。这种情况看起来是理所当然，自也就不必在此多费笔墨。因为国家与民族本来就是一致的，也没有必要改变它，当然就不存在什么问题。 27

国家边界问题头一次出现，是在自由观念的力量支配德国和意大利的时候。当时在这两个国家和波兰，在可鄙的专制君主后面，还有一个消失了的统一国家这样一个巨大的幻影。所有的德意志人、波兰人和意大利人都有一个共同的伟大政治目标：从君主统治下解放他们的人民。这使他们第一次实现了政治思想的统一，然后实现了行动的统一。人们穿越海关守卫和宪兵把守的边界张开双臂迎接统一。君主的反自由同盟面对的是为自由而战的人民的联合。

针对君主专制尽可能攫取更多土地使其臣服于己的原则，自由学说用人民自决权原则加以对抗，后者必然地来自个人权利原则。[①] 任何人民或人民中的一部分都不得被违背意愿地置于他们所不情愿的政治联合中。那些志在建设国家、具有自由精神的人作为一个整体，形成了一个政治性民族；"祖国"成为他们所栖息之国家的名称；"爱国者"成为"自由精神"的同义词。[②] 在这一意义上，法国人在推翻了波旁王朝的专制统治之时、在继续反抗君主联盟以保卫他们刚刚获得的自由之时，才感觉到自己是一个民族。德意志人、意大利人之所以形成民族思想，恰是因为外国君主组成神圣同盟阻挠他们建立一个自由国家。这种民族主义的矛头所指并不是外国人，而是同样压制外国人民的专制君主。意大利人最憎恶的并不是德意志人，而是波旁王朝和哈布斯堡王朝；波兰人所憎恨的不是德意志人或俄国人，而是沙皇、普鲁士国王和奥地利皇帝。只是由于暴君所依赖的军队是外国的，所以斗争才采取了反对外国人的口号。然而甚至在战场上，加里波第的战士也冲奥地利士兵高喊："翻回

---

① 参见 Sorel, *Nouveaux essais d'histoire et de critique* (Paris: 1898), pp. 99 ff.。

② 参见 Michels, "Zur historischen Analyse des Patriotismus," *Archiv für Sozialwissenschaft und Sozialpolitik*, vol. 36, 1913, pp. 38 ff., 402 f.; Pressensé, "L'idée de Patrie," *Revue mensuelle de l'École Anthropologie de Paris*, vol. 9, 1899, pp. 91 ff.。

阿尔卑斯山，我们还是好兄弟！"① 在他们中间，每个为自由而战的 28
民族不可思议地融洽相处。所有人都为希腊人、塞尔维亚人、波兰
人争取自由的斗争而欢呼。在"年轻的欧洲"，自由斗士是不分民
族而团结为一体的。

民族性原则首先并不是针对其他民族的成员，它的目标是
暴君。

因此，非常重要的是，民族心态与世界公民心态之间没有任何
冲突。② 自由的理念既是民族的，也是世界主义的。它是革命性的，
因为它要求消除一切与其原则不相符合的统治，但它也是和平主义
的。③ 一旦所有的人民获得自由，战争还有什么基础？政治自由主
义与经济自由主义在这一点上是一致的。经济自由主义宣称各民
族之间的利益是协调一致的。

如果我们想理解自马克思以来的社会主义政党原创的国际主
义，我们也必须牢记这一点。自由主义在其反对君主专制国家统治
的斗争中，也是世界主义者。恰恰因为君主们联合起来抵制新精神
的前进，于是各国人民也团结起来反抗各国君主。如果《共产党宣
言》号召所有国家的无产阶级联合起来与资本主义斗争，那么，该
口号是与这样一个宣称的事实相符合得出的：所有国家的资本主义
剥削都是一致的。然而，它并不是自由主义者追求民族国家的对立

---

① 参见 Robert Michels, "Elemente zur Entstehungsgeschichte des Imperialismus in Italien," *Archiv für Sozialwissenschaft*, vol. 34, 1912, p. 57。

② 参见 Seipel, *Nation und Staat* (Vienna: 1916), pp. 11 f. footnote; Meinecke, loc. cit., pp. 19 f.。

③ 参见 Michels, "Patriotismus," loc. cit., p. 403。

面，也不是资产阶级纲领的对立面，因为资产阶级在这种意义上也是国际性的。强调的重点并不在于"所有国家"这个词，而在于"无产阶级"这个词。所有国家处于同一地位、具有相似思想的人必然会联合起来，这被看成是理所当然之事。如果这一劝诫中有什么地方能够被理解的话，就只有反对假冒的民族斗争这一点。假冒的民族斗争把对传统安排的每一个变化当作侵害正当民族个性的行为予以反对。

自由与平等这些新的政治观念首先在西方获胜，英国和法国成为其他欧洲国家的政治榜样。然而，如果自由主义者呼吁实行外国的制度，那么，旧势力自然会利用排外主义这样的陈词滥调进行抵制。德国和俄国的保守分子也用这样的论点抵制自由观念：它们是外国的东西，不适合本国人民。这里民族价值被错误用于政治目的。[①] 但是，并不存在反对外国民族整体或其单个成员的问题。

因此，就人民之间的关系而言，民族原则首先就是完全和平的。民族原则作为一种政治理想，是与人们和平共处相一致的，如同赫尔德的民族主义作为一种文化理想，与他的世界大同主义相一致。只是经过了一定时间后，只反对君主而不针对人民的和平的民族主义，才演变为军国主义的民族主义。然而，只是在现代国家原则从西方成功地传播到东方、到达民族混居地区之后，才发生这种蜕变的。

如果我们观察旧的和平形态的民族性原则的第二个设定内容

---

① 参见 Schultze-Gaevernitz, *Volkswirtschaftliche Studien aus Russland* (Leipzig: 1899), pp. 173 ff.; Bauer, *Nationalitätenfrage*, loc. cit., pp. 138 ff.。

的发展，该原则的意义就尤其清楚地凸现出来。首先，民族性原则所包含的只是拒斥一切最高统治权（overlordship），当然也包括外国的最高统治权；它要求自决、自治。然而后来，它的内容扩充了；其口号不仅包括"自由"，还包括"统一"。然而民族统一的愿望，首先也是完全和平的。

如前所述，这种统一愿望的一个源泉就是历史记忆。人们的目光从惨淡的现实回望到美好的过去。这一过去显示的是一个统一的国家，对每个人来说这一图景未必都像对德意志人或意大利人那样宏伟壮美，不过对绝大多数人来说，还是有足够吸引力的。

然而，统一的观念并非仅仅是一种浪漫情怀，它对政治现实也很重要。人们在统一中寻求力量去战胜压迫者的联盟。一个统一国家的团结给人们提供了维系其自由的最重要保证。在这里，民族主义并不与世界大同主义相冲突，因为统一的国家并不希望与邻国不睦，而是渴望和平与友谊。

因此，我们也看到，在自由和自治已经盛行的地方，统一观念 30 并不能发挥其破坏国家和创建国家的力量，自由和自治的保障也不需要它。至今瑞士就几乎没有受到民族统一观念的诱惑。在瑞士，分离倾向最少的是德裔瑞士人，这一点非常容易理解：他们用自由只能换取在德国威权统治下的服从。然而，瑞士境内的法国人以及从整体上来说的意大利人，也都觉得他们在瑞士非常自由，以至于他们根本就没有与他们的民族同胞实现政治统一的愿望。

不过对于民族统一国家，还需要考虑到第三点。毫无疑问，当今国际劳动分工的发展阶段总体上要求法律、通信和交通设施等方面更大范围的统一，而且经济越形成为世界性经济，这种要求就越加迫切。当经济联系仍然停留在早期阶段、基本上很少扩张到村庄范围以外时，地球表面分裂成的无数小司法和行政区域就是政治组织的自然形态。除军事和外交政策利益外——不过它们毕竟不能迫使所有地方都统一、构成大帝国；即便它们在封建时代发挥作用，甚至在专制主义时代更加能够发挥作用，它们也并不总是引导形成民族国家——不具备要求法律和行政统一的环境。只有经济关系发展越来越超越省界、国界，最后是洲界，世界性的统一才变得有必要。

自由主义要求经济的充分自由，通过把经济与国家分离，试图解决与贸易发展不相适应的政治安排差异的困境。自由主义致力于尽可能实现法律的一体化，归根到底是实现世界的法律统一。但它并不认为，要实现这一目标就得创造出大帝国甚至是一个世界帝国。自由主义仍坚持它对待国家边界问题的立场。各国人民可以自行决定协调各国法律一致的程度，不能违背他们的意愿是根本原则。这一点使自由主义与所有那些为了经济目的企图用强制手段创造一个大国家的观点深深区别开来。

31　　不过，政治现实首先必须考虑国家的存在，以及各国抵制国际贸易自由、反对制定超国家法律所引发的困境。因此，分散在很多国家的那些民族的爱国者无不羡慕那些民族统一的人们。他们想追随他们的榜样。他们用与自由主义信奉者不同的眼光看待问题。在德意志邦联的德国，统一法律与司法行政、通信与交通设施以及整个行政管理的必要性被视为当务之急。通过各个国家内部的革命也能创造出一个自由的德国；如果这样，统一就不是首先必需的。但是由于他们喜欢统一的国家，政治现实主义者就声称，为了从根本上实现自由,有必要建立被压迫者同盟以反抗压迫者同盟,[①] 而且为了在统一中寻找到维护自由的力量,也有必要团结一致。除此而外,甚至贸易的需要也会促进统一。它将不再允许法律、货币体系、通信与交通以及其他许多领域的分裂现象继续存在下去。在所有这些领域中,时代要求一体化,甚至是超越国家边界。人民已经开始为这些领域的世界统一做了初步准备。在德国境内去实现、去开始其他民族已经实现的目标——创造一部德国民法作为未来世界法律的先驱,创造德国刑法作为世界刑法的预备阶段,创造德国铁路联盟、德国货币体系、德国邮政体系——不是显而易见的吗?然而所有这一切,将由德意志人的统一国家来确保。因此,自由人的纲领不能把自己仅仅局限于"拍卖 30 个君王的王冠"(语出弗赖利格拉特 *);甚至仅仅由于经济发展到一定阶段,也必然要求创建一个统一的国家。

因此,追求统一国家已经包含了对民族性原则的新解释的核心,而这将使和平的、自由的民族性原则蜕变为黩武的、强权政策的民族主义,蜕变为帝国主义。

2. 黩武或帝国主义的民族主义

32

(1)种群混居领土的民族性问题

君主专制国家追求无休止地扩张领土和增加臣民数量。一方面,它的目标在于获得土地和促进外来移民;另一方面,它对移居

---

① 想一想石勒苏益格-荷尔斯泰因、莱茵河左岸等。

* 费迪南德·弗赖利格拉特(1810—1876),德国抒情诗人和民主人士。——英文版编者注

外国设定了最严格的惩罚。土地越多，臣民越多，税收就会越多，士兵也会越多。国家存在的保障赖于其大小。较小的国家总是处于被较大国家吞并的危险之中。

对于自由民族国家，所有这些论点都不再适用。自由主义没有征服、兼并的概念；如同它对国家本身漠不关心，国家大小的问题对它也并不重要。它不会违背任何人的意志将其强迫纳入国家结构。不论谁想移民国外都不会受到阻拦。当国家的一部分人民想脱离联盟时，自由主义不会阻拦他们这么做。想独立的殖民地只需要这么去做。民族作为一个有机体，不会随各个国家发生的变化增加或减少；世界作为一个整体，从中既不会赢得什么也不会失去什么。

自由主义仅仅在西欧和美国能够持续。在中欧和东欧，经过短暂的繁荣后，它再次被取代。国家实践逐渐从自由主义的和平主义民族原则蜕变为其反面，即压迫性的黩武的帝国主义民族原则。这种实践建立了一种新的理想，声称拥有其自己的价值——纯粹的民族数量规模的价值。

从世界主义者的立场看，他一定把人类分裂为不同民族视为引起很多麻烦和成本的情况。大量劳动花在学习外语上面，浪费在翻译上面。如果只有一种语言，所有的文化进步都会开展得更容易，人们之间的每一次接触都会进行得更好。甚至那些欣赏物质和智力安排多样性以及特定个体和民族特点发展的无限文化价值的人，一定承认这一点，并且一定不会否认，如果除了人口仅几十万或几百万的小民族外不存在更大的民族，人类取得进步就会格外地困难。

但是，甚至个人都可以体会到多种语言带来的不便。当他出国旅游时，阅读外文著作时，或者想与人类同胞口头或书面交流时，他会注意到这一点。普通人可能不在意其民族体量是大还是小，但是对于智识工作者来说这是最大的问题。因为"对他来说，语言不仅仅是社会交往中理解的工具；它是他的主要工具之一，实际常常是他的唯一工具，并且他几乎不能改变它"①。作者是否能够使自己直接被更多或更少的人们理解，是文学作品成功的关键。因此，没有人比各民族的智识领导者——诗人和博学的作家更热切地期望自己民族体量巨大。很容易理解，为什么他们会热衷于体量大小。但是，仅此远不能解释这种理念的流行。

因为长期来说，这些领导人也不可能向民族推荐任何民族本身不会选择的目标。对作家们来说，还有其他途径拓宽公众范围。可以提高人们的教育水平，如同民族语言扩散到国外那样，创造更多的读者和听众。斯堪的纳维亚民族践行了这一途径。他们不是在国外，而是在国内寻求民族征服。

民族国家会变成帝国主义性质，它无视既有原则，将保持并随后增加民族成员数量视为其首要政策目标，甚至以个体、整个人民及部分人民的自决权为代价——对于这种发展变化，环境是决定性的。对于产生于西方的自由主义，这种环境是异质的；对于自由主义的和平民族原则，这种环境是异质的。具有决定性的是这一事实：东欧人民没有完全明确的居住地区，而是在辽阔领土上混居；

---

① 参见 Kausky, *Nationalität und Internationalität* (Stuttgart: 1908), p. 19; 以及 Paul Rohrbach, *Der deutsche Gedanke in der Welt* (Dusseldorf and Leipzig: Karl Robert Langewiesche Verlag, 1912), copies 108 to 112 thousand, p. 13.

进一步的事实是，这种民族混合通过人口迁徙持续更新。这两个问题使得黩武的或帝国主义的民族主义成熟起来。它的源头在德国，因为当自由主义到达德国的土地时，产生它的问题才首次登上历史

34 舞台。但它绝不仅限于德国，所有从某一立场认为这些环境正在使他们的一些民族同胞发生民族异化的民族，跟随德国人走上了相同的道路，或者如果历史没有首先找到这一问题的另一种解决方法就会这么做。

观察我们现在面对的问题必须从这一事实出发：人们在地球表面的特定地方生活的条件是不同的。我们可以通过忽视这一事实来最好地认识它的重要性。如果地球表面的生活条件到处都一样，那么总体上个人和民族就不会有改变他们居住地方的动力。①

然而，生活条件是不平等的，这就产生了——用塞居尔（Ségur）*的说法——人类历史就是人民努力从居住在较差领土向较好领土的发展。世界历史就是民族迁徙的历史。

民族迁徙或者以武力强迫形式发生，或者以和平形式发生。武力形式曾经是主要的。哥特人、汪达尔人、伦巴第人、诺曼人、匈人、阿瓦尔人、鞑靼人用武力夺取他们的新家，灭绝、驱逐或者征服当地人口。这样，在一个国家就有两层不同的民族性，征服者的和被征服者的，它们不仅作为政治和社会阶级相互对立，而且在血统、

---

① 有人会反对说，即使生活条件到处都一样，当一个民族比其他民族增长过快时一定会有迁徙，人们从居住稠密的地区向居住稀疏的地区迁徙。然而，马尔萨斯定律让我们假设，人口的增长也依赖生活的自然条件，因此，只假设相同的外部生活条件，就可以得出相等的人口增长。

* 路易·菲利普·德·塞居尔伯爵 (1753—1830)，法国政治家和历史学家。——英文版编者注

文化和语言上相异。随着时间的流逝，这些民族的对立消失了，或者由于征服者在种族上被被征服者吸收，或者由于被征服者群体被胜利者同化。在西班牙、意大利、高卢和英国，这种过程会持续数个世纪。

在东欧，仍有辽阔的领土完全没有开始或者刚刚开始这种同化过程。在波罗的海男爵与他们的爱沙尼亚和拉脱维亚佃农之间，在匈牙利马扎尔或马扎尔化的贵族与斯拉夫或罗马尼亚农民和农场工人之间，在摩拉维亚城市的德意志市民与捷克无产阶级之间，在达尔马提亚的意大利地主与斯拉夫农民和农场雇工之间，民族差异的鸿沟甚至今天仍在扩大。

西欧发展出的现代国家和现代自由学说，不存在这些条件。对西欧来说，不存在民族种群混居的问题，民族的形成是一个已经完成的历史过程。今天在他们的欧洲老家，法国人和英国人不再有任何异质的组成部分；他们居住在稠密的定居领土。如果单个外国人来到这里，他就很容易不费力地被同化。在英国和法国的欧洲领土，不会有应用民族性原则产生的民族间摩擦（但是在殖民地和美国情况并不相同）。于是这样的主张也会产生：完全应用民族性原则会确保永久性和平。因为按照自由主义的观点，战争当然仅产生于国王的征服贪欲，要是每一个民族都构成一个独立的国家，就不会有战争了。旧的民族性原则是和平的，它并不希望民族之间发生战争，并相信战争的任何理由都不存在。

然后人们突然发现，世界并没有到处都像泰晤士河和塞纳河那样。1848 年的运动首先去除了哈布斯堡帝国专制政治掩盖在民族混合之上的面纱，之后发生在俄国、马其顿和阿尔巴尼亚、波斯和中国的革命运动，也揭示了那里同样的问题。只要君主国的专制主义以同样方式压迫所有民族，这些问题就不可能被认识到。然而，目前争取自由的斗争还几乎没有开始，它们就隐然逼近了。[①]

用西方自由学说的传统工具解决这些问题，似乎是当然的。多数原则，无论以公民投票的形式还是以其他形式，被认为适合解决所有困难。这是民主的答案。但是在这里，这种解决方法完全可信、可能吗？它可以建立和平吗？

36   自由主义和民主的基本思想是协调一个民族各个部分的利益，然后协调所有民族的利益。由于恰当理解的所有人口阶层的利益指向相同的政治目标和要求，政治问题的决定可以留给全体人民投票。可能出现多数人错误。但是，只有通过它自己犯的错误，并且由它自己承担后果，一个民族才能获得洞见，才能在政治上成熟起来。吃一堑，长一智，人们会知道哪里是能够找到真理的最好之处。自由主义理论否认存在有违公益的特定阶级或集团的特殊利益。因此，在多数人决定中，人们看到的只有正义，因为所犯的错误会报复所有人，包括支持它们的人和被多数票击败的少数人，少数人也必须为不明白如何赢得多数站在自己这一边付出代价。

37   民族主义者否认所有利益协调的学说。他们认为民族之间存在不可调和的对立；如果人们有力量反对，就永远不会让事情依赖于多数人的决定。

民主首先使用在民族统一国家中证明过的方法，寻求解决在民

---

① 参见Bernatzik, *Die Ausgestaltung des Nationalgefühls im 19. Jahrhundert* (Hanover: 1912), p. 24。

族混合领土阻止建立民族国家的政治困难。多数应该做出决定，少数应该服从多数。然而，这表明它一点儿没有看清问题，完全不明白困难所在。由于强烈相信多数原则的正确性和包治百病的力量，人们长时间以来不能认识到，在这里它会一无所获。明显的失败总是归因于其他原因。有的作家和政治家将奥地利的民族混乱局面归因于这里仍然没有民主的事实，认为如果这个国家转变为民主治理，那么民族之间的所有摩擦就会消失。准确地说，恰恰相反才正确。民族斗争只发生在自由的土地上，在所有民族都被征服的地方，比如 1848 年 3 月前的奥地利，他们之间没有纠纷。[①] 民族之间的暴力斗争随着老奥地利趋近民主而俱增。它们一点儿没有由于国家解体而结束，它们在新国家进行得更加激烈——在那里，处于统治地位的多数民族与少数民族对峙，缺乏专制国家有效软化尖锐程度的调解机制。

为了认识在我们时代的民族斗争中民主失败的深层原因，人们必须首先努力认清民主政府的本质。

民主是自决（self-determination）、自治（self-government）、自律（self-rule）。在民主制度中，公民同样服从法律、听从国家当局和公务员。但是，法律的制定要得到公民的合作，承担官方权力的人的当选要得到公民间接或直接的合作。法律可以取消或修订，官员可以罢免——如果多数公民希望如此。这就是民主的本质，这就是为什么公民在民主制度中感到自由。

---

① 由于这个原因，反民主的教会作家也建议回到君主专制和教皇专制，作为避免民族斗争的方式。

38　　　一个人被迫遵守他对其制定没有丝毫影响的法律，必须容忍他不能参与其形成的政府对他的统治，他在政治意义上是不自由的并且政治上没有权利，即使他的个人权利可能受到法律保护。① 这并不意味着，在民主国家每一个少数派都是政治不自由的。少数者们可以成为多数者，这一可能性影响着他们的地位以及多数者对待他们的方式。多数者必须时刻提防自己的行为使少数者强大起来，不给少数者提供接近权力的机会。因为少数者的思想和纲领会影响作为一个政治实体的人民整体，不管它们是否能够流行。少数者是失败的一方，但是在派别斗争中它有取胜的可能，并且通常，尽管失败了，它仍保持着一段时间以后胜利并成为多数者的希望。

　　然而，没有通过特权获得统治地位的少数民族的成员们，在政治上是不自由的。他们的政治活动永远不会成功，因为口头和书面文字作为影响其同胞的政治工具，与民族性有密切关系。在政治决定紧随其后的民族政治大讨论之中，外来民族公民作为沉默的旁观者站在一旁。他们与其他事情一起作为被谈判对象，但是他们并不参加谈判。布拉格的德意志人必须支付市政评估费，他也受到市政当局的每一部法令的影响，但是当政治力量疯狂争夺市政控制权时，他必须靠边站。他的捷克公民同胞并不关心他对市政当局的希望和要求。因为他没有影响他们的手段，除非他放弃自己民族的独特方式，使自己适应捷克人，学习他们的语言，采取他们思考和感觉的方式。然而，只要他没有这么做，只要他留在继承的语言和文化圈子中，他就被排除在所有政治实效之外。尽管按照法律字眼，

---

① 当然，经常地，公民权利也可以由于政治上没有权力而失去。

他可能正式地具有完整的公民权利，尽管由于其社会地位，他可能甚至属于政治特权阶级，但事实上他在政治上没有权利，是一个二等公民、贱民。因为他被其他人统治，自己没有分享统治权。

今天，引起党派潮涨潮落以及国家兴起和毁灭的政治思想，与民族性密切相关，而其他文化现象则很少与民族性相关。就艺术和科学思想来说，它们是所有民族的共同财产，没有一个民族不受它们影响。然而每一个民族都以自己的方式发展思想潮流，以不同的方式吸收它们。它们在每一个民族内部都会遭遇到另一种民族特点和另一种民情。浪漫主义思想是国际性的，但是每一个民族以不同方式发展它，给其加上特殊内容，从中去掉另一些内容。因此，我们可以正确地谈论作为一种特殊艺术潮流的德国浪漫主义，将其与法国浪漫主义或者俄国浪漫主义做对比。政治思想也是这样。社会主义一定在德国有所不同，在法国有所不同，在俄国有所不同。的确，不论在哪，它都会遇到政治思考和感觉的特殊方式，遇到另一种社会和历史发展———句话，遇到其他人和其他国情。

我们现在认识到，为什么比起其他特权集团，由于特权而握有政治权力的少数民族无比执着地紧紧抓住这些特权以及与其连在一起的统治地位。与被统治者相同民族的统治阶级甚至在被推翻时，同根据在新统治者中它的成员人数赋予其的影响相比，都仍能保持更大的政治影响。在新的条件下，它至少保持着作为反对派争取新权力、维护其政治理想、通向新胜利的可能性。每当英国托利党被改革剥夺其特权时，他们每次仍能庆祝一次政治复活。被废黜后，法国王室没有丢掉重拾王冠的所有希望。他们能够组成有力的政党，致力于复辟。第三共和国时他们的努力没有成功，这是由于当时王位请求者的不妥协和个人不幸，而不是由于事实上这种努力非常无望的任何事实。然而，异族的统治者一旦离开了舞台，就永远不可能再获得权力，除非他们有外部力量的帮助。更重要的是，一旦他们不再拥有权力，他们不仅被剥夺了特权，而且政治上完全没有权力了。他们不仅不能够根据他们的人数保持影响力，而且作为外来民族的成员，他们不再有具有政治活力或对其他人施加影响的任何可能。因为现在居支配地位的政治思想属于与他们不同的文化圈，并用他们不理解的语言思考、表述、写作，然而他们自己并不处于可以让他们的政治观点在这个环境中被感受到的位置。他们不是从统治者变成了拥有平等权利的公民，而是变成了没有权力的贱民，有关他们的事情被讨论时他们不能参与。如果我们想在古老的社会阶层原理"没有我们的同意，不要做关于我们的决定"（nothing concerning us without us）中明白一条现代民主原则——不考虑可能反对它的理论和复古角度的担忧——我们也会明白，对于少数民族来说，它是不可能被履行的。少数民族被治理，并不参与治理，他们在政治上被征服了。多数民族对他们的"待遇"可能很好，他们可能也拥有许多非政治性的甚至一些政治特权，然而正是因为他们毕竟是被"对待"而不可能参与，他们会有一种被压迫的感觉。

在立法上斯拉夫人占多数的那些奥地利帝国的土地上，大量的德意志地主感到自己——尽管他们有选举特权，确保他们在省议会和省委员会有专门代表——受到压迫，因为他们面对着他们不能对其政治想法施加影响的多数人。出于同样原因，拥有选举特权可以确保他们在斯拉夫人占多数的市政委员会有 1/3 席位的德意志官员和房屋所有人，仍然感到受压迫。

从来没有政治支配力的少数民族依旧在政治上没有权力。那些在异族统治下作为二等公民生活了数个世纪的无历史民族的成员，与进入海外殖民地的移民的政治权力一样少，这一点需要特别提及。偶然的情况可以短暂地赋予其具有政治影响的可能，长期来看并不可能。如果他们不想保持政治上没有影响力的状态，那么他们必须使他们的政治思考适应他们的环境；他们必须放弃他们特殊的民族特征和语言。

因此，在多种语言通行的领土引入一部民主宪法与引入民主自治完全不是同一回事。与在民族划一的领土上情况不同，多数统治 41
在这里意味着完全不同的事情；在这里，对一部分人民来说，并不是大众统治而是异族统治。① 如果少数民族反对民主安排，如果根据情况他们更喜欢君主专制、独裁政权、寡头宪法，那么他们这么做是因为他们非常清楚，民主与在其他人统治下一样对他们意味着被征服。这一点不论在任何地方，并且截至目前都是事实。广为引用的瑞士的例子在这里并不相关。在瑞士的多民族环境下，没有摩擦的瑞士民主地方治理之所以可能，只是因为各个民族间的内部迁徙早就不重要了。如果说，法裔瑞士人迁徙到东部会在德裔区域使外来少数民族更加强大，那么瑞士的民族和平早就消失了。

对于民主的所有朋友，对于视人民自我管理（self-administration）和自我治理（self-government）为唯一政治解药的所有人，这一定会引起严重的苦恼。尤其是奥地利的德意志民主主义者就处于这一地步，还有匈牙利人民将其当作自己人的极个别可敬的民主

---

① 多数原则看起来只适用于在均质的大众中解决差异的问题，关于此点参见 Simmel, *Soziologie* (Leipzig: 1908), pp. 192 ff.。

主义者。正是他们正在寻觅新型民主形式，使民主在多语言国家也成为可能。

进一步，人们常常建议将比例代表制作为对多数制度缺陷的弥补。然而，对于民族混合地区来说，比例代表制也走不出上述困境。比例代表制只能适用于选举，而不适用于关于立法、行政和司法行为的决定。一方面，比例代表制使下述情况不再可能：一党通过不公正改变选区而在代表机构中得到比自身力量更大的代表；另一方面，它确保少数派在选举出的代表机构中得到代表，并给其提供监督多数派和使自己的声音被听到的机会。所有这些并不是为了一个少数民族而运转。作为人民中实际的少数，它永远不可能希望通过比例代表制在代表机构中获得多数。因此，比例代表制对它来说，仅仅是其次要意义。但是，纯粹在代表机构中获得几个席位的机会对少数民族具有很小的价值。甚至当它的代表可以坐在代表机构参与审议、演讲和决策时，少数民族仍被排除在政治生活合作之外。只有少数的声音被听到才是真正进行政治合作，因为它有朝一日可能获得领导地位。然而，对于少数民族来说，这一点被排除在外了。这样，从一开始其代表的行为就局限在徒劳的批评上。他们所说的话没有重要性，因为它们达不到任何政治目的。投票时，只有当日程上是不具有民族重要性的问题时，他们的投票才是决定性的；在所有其他问题上（大多数是这类问题）民族性阻止人们像个密集方阵那样团结在一起。为了认识到这一点，只需要想一想丹麦人、波兰人、阿尔萨斯人在德意志帝国议会，克罗地亚人在匈牙利议会，或者德意志人在波希米亚省议会所扮演的角色。如果在奥地利下议院情况有什么不同，如果这里由于没有民族是绝对多数，每一个单一民族的"代表团"都有可能成为多数的一部分，这也证明不了反面的正确性，因为毕竟，奥地利是一个专制国家，是政府而不是议会支配全局。准确地说，在奥地利下议院，党派的形成首先受制于民族间的紧张关系，这表明不同民族进行议会合作的可能性微乎其微。

为什么比例代表原则也不能被视为一个克服不同民族生活在一起的困难的有用工具，因此是可以理解的。引进它的地方的经验表明，对某些目的来说它无可否认地相当管用，它克服了许多摩擦，但是它远不是善意的乌托邦所认为的对于民族争议的治疗方法。

在奥地利这个民族斗争的典型之地，20世纪最初的几年有人建议，在个性原则的基础上引入民族自治，以克服民族难题。这些建议出自社会民主党的卡尔·伦纳[①]和奥托·鲍尔[②]，它们见证了奥地利从一个专制国家转型为民主的人民国家。整个国家的立法和 43 行政管理以及自治地区的地方行政管理不应延伸到民族争议事项；这些事项应在地方行政部门由按照个性原则组织的民族的自己成员管理，在其之上有民族理事会作为各民族的最高权威。教育系统和对于艺术和科学的促进，最被认为是民族事务。

我们这里不是在谈论民族自治方案在德裔奥地利人的民族方案的历史发展中的重要意义，也不是谈论它开展前的基本预设。这里我们必须正视的唯一问题是，这一方案是否能够对不同民族居住在一起产生的根本难题提供令人满意的解决方案。对这一问题我

---

① 参见 Renner, *Das Selbstbestimmungsrecht der Nationen in seiner Anwendung auf Österreich* (Vienna: 1918)，以及该作者许多之前的作品。

② 参见 Bauer, *Nationalitätenfrage*, loc. cit., pp. 324 ff.。

们只能回答"不能"。像以前一样，这些事实依然存在：排除少数民族参与权力；尽管有法律规定号召他们参与治理，他们仍不是共同治理者而仅是被统治者。把一切事态按照民族性分开是相当不可思议的。在一个民族混合城市建立两套警力，比如一套德意志人的一套捷克人的，每个只能对自己民族的成员采取行动，这是不可能的。在一个双语国家建立双重铁路管理机构，一个由德意志人控制，另一个由捷克人控制，这也是不可能的。然而，如果它们不可行，那么上述困难就依旧存在。处理直接与语言关联的政治问题仿佛是引发民族难题的全部，情况并非如此；准确点儿说，这些难题渗透到整个公共生活中。

民族自治应该给少数民族独立地管理和安排他们的学校制度提供可能性。然而，即使不执行这一方案，他们某种程度上也具有这种可能性，只是他们要自己承担成本。民族自治应该赋予他们为此目的的一种特殊税收权，并使他们免于为其他民族的学校捐献。然而，仅此并不值得民族自治方案的作者想那么多。

44

民族自治赋予少数民族的地位应该大致相当于社会等级制度（the estate system）建立的，以及君主国家后来根据由社会等级制度传承下来的模式建立的有特权的外国人聚居区的地位，或许类似撒克逊人在特兰西瓦尼亚的地位。在现代民主下，这不是令人满意的。一般说来，民族自治的整个思路更多地是向后看社会等级制度的中世纪条件，而不是现代民主条件。考虑到不可能在一个多民族国家建立现代民主，而其拥护者作为民主主义者又拒绝接受君主专制国家，拥护者们就不得不回头寻找社会等级制度的理想。

如果人们在少数派教会的某些组织问题中寻找民族自治的榜

样，那么这只是表面非常正确的比较。它忽视了，既然信仰的力量不再能够像曾经的那样，能够决定个人的整个生活方式，今天不同教会的成员之间就不再存在政治理解的不可能性，而这种不可能性在不同民族之间确实存在，因为语言不同并由此导致思考方式和观察方式也不同。

个性原则解决不了我们的困难问题，因为它对于当前问题的范围沉湎于极度的自欺欺人。只要狭义的语言问题是民族斗争的目标，人们就能够通过特别地处理这些问题，想出不同民族间通往和平的道路。但是，民族斗争并不局限于学校和教育制度以及法庭语言和官方语言。它涵盖所有政治生活，甚至如伦纳和许多与他一起的人认为的那样，涵盖所有将各民族统一捆绑在一起的东西，即所谓的经济方面。奇怪的是，恰恰是奥地利人误解了这一点，毕竟他们注定每天都会看到，所有事情是如何成为各民族争议的对象——公路建设和税收改革、银行特许和公共供应、海关关税和博览会、工厂和医院。纯粹的政治问题是最重要的。在多民族国家，每一个外交政策问题都是民族斗争的目标，这一点在奥匈帝国从来没有在世界大战期间表现得更加清楚。对于战场的每一份报告，不同民族收到它们的反应都不同：一些欢庆而其他的则悲伤，一些感到无望而其他的则高兴。所有这些问题都因民族性而充满争议；如果它们没有包含在民族性问题的解决方案之中，那么该解决方案就是不完全的。 45

民族问题产生的麻烦正在于，国家和政府不可避免地建立在处于当前经济发展阶段的领土上，故而不可避免地必须包含多语言领土的不同民族的成员。

俄国、奥地利、匈牙利和土耳其这些大的多民族国家，现在已经分崩离析了。但是，这也不是多语言领土宪法问题的解决方案。多民族国家的解体消除了许多不必要的复杂性，因为它把那些不同民族成员密集居住的领土彼此分开了。[①] 对于波希米亚内部、西加利西亚以及卡尼奥拉的大部分地区来说，奥利利的解体解决了民族问题。但是，像从前一样，它在孤立的德意志人城市和乡村留下了麻烦，这些地方分散在波希米亚的捷克语领土、摩拉维亚、东加利西亚、科切维地区等等。

在多语言领土，多数原则的应用并不导致自由，而是多数对少数的统治。多数内部承认不公正，表现得急于通过强制手段同化少数民族，这一事实并不会使情况变得更好。这种态度当然也暗示——正如一位热心作者指出的——对民族性原则的表达，对国家边界不应该超出民族边界的要求的承认。[②] 遭受煎熬的人们仍在等待忒修斯征服这一当代的普罗克汝斯忒斯。

然而，必须要找到摆脱这些困难的途径。这不是仅涉及小的少数民族（比如，早已停滞不前的移民的残余后代）的问题，像人们常常想到的那样，仅通过在摩拉维亚和匈牙利的几个德意志城市或者在亚得里亚海东海岸的意大利殖民地的观点来评估情况。当今的大规模民族迁徙使所有这些问题变得更加重要。每天新的移民创造着新的多语言领土，几十年前仅在奥地利出现的难题早已成为世界性难题，只不过是以另一种形式出现。

---

① 这里忽略了德意志人在波希米亚的密集居住区遭受的虐待；那里的民族问题是可解决的，只是人民不想解决它。

② 参见 Kjellén, loc. cit., p. 131。

世界大战的灾难显示了这个难题给人类带来了何种深渊，并且这场战争中所流的所有鲜血没有使其一丝一毫地接近解决。在多语言领土，民主对少数者来说如同压迫。在只能选择自己去压制别人还是被别人压制的情况下，人们很容易选择前者。自由的民族主义让位于黩武的、反民主的帝国主义。

（2）迁徙问题和民族主义

地球表面各个地方的多样生活环境引起了单个人和整个民族的迁徙。如果世界经济由一个权威当局的法令进行管制，它会调查所有事情并指令什么是最适合的东西，只有绝对最有利的生产条件（conditions of production）才会被利用。如果其他地方生产力更高的矿山或土地没被利用，那么生产力较低的矿山和土地就不会被利用。在生产力较低的生产条件被使用前，人们肯定总是首先考虑是否存在生产力更高的生产条件。如果发现产量会高得多的别的生产条件，使得即使预计到固定投资资本变得无用造成的损失，抛弃旧生产资源（sources of production）引进新生产资源能够获得增加的产量，那么正在使用的生产力较低的生产条件会被立刻抛弃。由于工人们不得不定居于生产所在地或者临近地方，结果定居环境就自动产生了。

生产的自然条件绝不是不可改变的。在历史进程中它们经历了很大的改变。改变可能发生在自然本身，比如气候变化、火山灾难及其他自然因素事件。此外，还有人类活动引起的变化，比如，矿山和土壤肥力的枯竭。然而，更重要的是人类知识的变化，推翻 47 了关于生产要素的生产率的传统观点。新的需要被唤醒，它们或者来自人性的发展，或者因为新材料和力量的发现。前所未知的生产潜力被发现，或者通过发现以前未知的自然力量并加以利用，或者通过生产技术的进步，这些都使得开发以前无用或不太有用的自然力量成为可能。可以推论，对于世界经济的指挥者来说，一劳永逸地确定生产位置是不够的，他不得不根据变化的环境不断改变它们，每一次改变都会连带改变工人们的居住点。

在理想的世界社会主义中，想要通过世界经济总指挥的命令发生的事情，在自由世界经济的理想中，通过竞争的支配实现了。生产力较低的企业在与生产力较高的企业的竞争中被压垮。主要的生产和工业从低产出的生产环境迁移到高产出的地方，随之迁移的还有工人和资本，只要他们是可以流动的。人员流动的结果在两种情况下是相同的：人口从收获较少的领土向收获较多的领土流动。

这就是个人和民族迁徙的基本规律。对于社会主义和自由世界经济来说，它同样程度地正确。它同与世隔绝的每一个较小领土内的人口分布遵循的规律是一致的。它总是正确的，尽管其有效性可能或多或少地也被经济之外的因素干扰：或许是对条件的忽视，或许是我们习惯地称为热爱家乡的情感，或许是阻止迁徙的外部强权干预。

迁徙和定居规律使我们可以形成关于相对人口过剩的准确概念。这个世界或者一个不可能发生迁徙的孤立的国家，当超过最佳人口——人数超过该点意味着福利的减少而不是增加——时，被认为是在绝对意义上人口过剩。① 如果由于人口体量大，与其他国家

---

① 比较 Wicksell, *Vorlesungen über Nationalökonomie auf Grundlage des Marginalprinzipes* (Jena: 1913), vol. 1, p. 50。

相比，一些工作在较差生产条件下进行，其他条件不变，于是应用同样的资本和劳务在这里收获较小的产出，那么这个国家就是相对 48 人口过剩。当人员和货物可以完全流动时，相对人口过剩的领土就会允许它们多余的人口流向其他领土，直到这种不均衡消失。

自由原则自 18 世纪以来逐渐到处生根发芽，使人们自由流动。不断增强的法律保障促进了资本流动、交通设施改善，以及生产点远离消费点。这与整个生产技术的伟大革命，以及使整个地球表面进入世界贸易同时发生——不是巧合。世界正逐步接近人员和资本品自由流动的局面。伟大的迁徙运动来临。19 世纪千百万人离开欧洲，在新世界寻找新家，有时也在旧世界寻找。同样重要的是生产手段的迁移——资本出口。资本和劳务从生产条件较差的地方流动到生产条件较好的地方。

然而现在，作为过去历史进程的结果，地球被各个民族划分了。每个民族拥有明确的领土，排他地或主要地由本民族成员居住。这些领土中仅有一部分有这样的人口：根据其生产条件，它也是完全处于自由流动的，因此既没有人员流入，也没有人员流出。剩余的领土以这样的方式被居住：如果在完全自由流动的情况下，它们或者放弃人口或者获得人口。

这样，迁徙将一些民族的成员带到其他民族的领土上。这在民族之间产生了极有特点的冲突。

在这种联系中，我们没有考虑迁徙的纯经济副作用导致的冲突。在迁出的领土，迁出使工资率上升；在迁入的领土，迁入压低了工资率。这是工人迁徙必然的副作用，而非如社会民主党的教义所信奉的，是移民来自低文化和低工资地区这一事实的偶然后果。

移民的动机正是这一事实，即他在人口相对过剩的老家拿不到太高
的工资。如果不存在该原因，如果西班牙加利西亚和美国马萨诸塞
州之间没有劳动生产率的差别，那么没有加利西亚人会移民。如果
人们想要提高欧洲迁出地区的发展水平，达到美国东部的水平，除
了让迁徙继续进行，最后使得前者的相对人口过剩和后者的相对人
口不足都消失外，不用做任何事情。很明显，美国工人很不高兴地
看待迁入，欧洲雇主同样也很不高兴地看待迁出。不管他的佃农去
西部德国还是去美国，易北河东部的容克地主对工人脱离土地一事
都没有什么认知差别；莱茵省的工会工人受到易北河东部移民入境
的影响，并不比宾夕法尼亚工会成员少。区别不过在于，在一种情
况下，有可能禁止移民迁入或迁出，或至少阻止它；而在另一种情
况下，这样的措施会被认为是由晚生了几个世纪的充其量少数几个
怪人进行的。这只能归因于这一事实：在跨国移民的情况下，除了
个人的利益遭受损害外，其他的利益也遭受了损害。

　　来到之前无人定居领土的移民，可以在新家园也保持和进一步
培养他们的民族特征。随着时光的流逝，空间隔离可以让移民们发
展出新的独立的民族性。在交通和通信仍不得不与极大的困难做
斗争和民族文化的书面传播受制于较低识字率的时代，这种独立性
的发展不管怎样都更加容易。今天，随着交通和通信工具的发展，
以及相对较高的大众教育水平和民族文学经典作品的广泛流传，这
种民族隔离和新民族文化的形成困难多了。时代的趋势是相距遥
远的民族发生文化融合，如果不是进行民族融合的话。共同的语
言和文化连接着英国和其遥远的自治领，以及政治上已经独立了一
个半世纪的美国，这种纽带只会更紧而不是更松。今天，一个民族

把殖民者派遣到无人定居的领土，可以指望移民会保留他们的民族特征。

然而，如果迁徙到已经有人居住的领土，那么各种可能性都可 50 能存在。移民可能大量涌入，或者具有身体的、道德的或者智力的构造方面的优越性，以至于他们要么完全替代了原始居民，就像大草原上的印第安人被白种人替代并走向毁灭，要么至少在新家园取得支配地位，就像如果立法不及时限制迁入中国人可能在美国西部各州的那种情况，或者就像未来欧洲移民在北美和澳大利亚的那种情况。如果移民国家原始居民的数量、文化和政治组织优于移民，情况就会大不相同——移民迟早会具有多数人所具有的民族性。①

中世纪结束以来，地理大发现使得整个地球表面为欧洲人所知。现在，关于地球可居住状况的所有传统观点逐渐发生改变，具有卓越生产条件的新世界，对于旧的如今相对人口过剩的欧洲居民注定有吸引力。当然，首先是冒险家和政治不满者远涉重洋找到新家。他们成功的消息吸引着其他人跟随他们，开始是少数人，然后越来越多，直到最后在19世纪，当海洋运输工具得以改善和欧洲取消自由流动的限制后，数百万人涌入进来。

这里不想深究，为什么所有适合欧洲白人居住的殖民地由英国人、西班牙人和葡萄牙人殖民。我们认识到这个结果就足够了：地球表面适合白人居住的最好的部分成了英语民族的财产，西班牙人和葡萄牙人在美洲，南非几乎不再有荷兰人，加拿大几乎不再有法

---

① 如果移民不是一次性移来而是一点一点地移来，这样，当新移民到来时早期移民的同化过程已经完成或者至少正在进行，同化就会加深。

国人。这个结果极其重要。它使得盎格鲁–撒克逊人成为白种文明人中人数最多的民族。这一点，加上英国人拥有世界上最大的商船队以及他们作为政治统治者管理着热带最好领土的情况，造成了今日世界具有一副英国人面孔的事实。我们的时代打上了英语和英国文化的印记。

对于英国这首先意味着，由于大不列颠岛相对人口过剩而离开那里的英国人，几乎总能够居住于英语和英国文化盛行的领土。当一个大不列颠人离开家乡，不管是去加拿大、美国、南非还是澳大利亚，他不再是一个大不列颠人，但他仍然是一个盎格鲁–撒克逊人。直到很晚近的时候，英国人并不感激这一境遇，他们并不特别关注迁出，他们漠不关心地、冷酷地有时甚至敌对地面对自治领和美国，只有在努力与他们对抗的德国人的影响下，他们才开始寻求首先与自治领然后与美国更加紧密的经济和政治关系，这些都是事实。同样真实的是，获得海外财产不太成功的其他国家，与英国人一样长期不关注事情的这一发展，它们羡慕英国富裕的热带殖民点、贸易和港口殖民点，以及航运、工业和贸易，多于羡慕其拥有居住的领土，后者不太被看好。

移民潮首先仅大量来自英国，只有当移民潮也来自其他欧洲领土时，人们才开始关心移民的民族命运。人们注意到，当英国移民能够在他们的新家园保持其母语和民族文化、家乡习俗以及父辈的惯例时，海外的其他欧洲移民逐渐不再是荷兰人、瑞典人、挪威人等，他们使自己适应于环境的民族性。人们看到这种异化不可避免，这里发生快点，那里慢点，但是迟早都会发生，移民们成为盎格鲁–撒克逊文化的成员——最迟在第三代，大多数在第二代完成转化，甚至在第一代完成转化的也不少见。梦想着扩大自己民族规模的民族主义者无不悲哀地看着这种局面，但是他们似乎对此也无能为力。他们建立社团，为殖民者捐助学校、图书馆和报纸，以遏制移民的民族异化，但是他们从中所获并不多。移居国外的原因是无法改变的经济本质，这样的迁出是阻止不了的，人们对这一事实也不抱幻想。只有弗赖利格拉特这样的诗人会问移民：

> 说啊！为什么你们要离开？内卡河谷地有葡萄和稻谷。

政治家和经济学家知道得很清楚，海外比老家有更多的葡萄和更多的稻谷。

迟至 19 世纪初期，人们还很少怀疑这个问题的重要性。李嘉图的对外贸易理论仍以这个假设开始：资本和劳务的自由流动仅存在于一国之内。在国内，利润率和工资率的各地差别由于资本和工人的流动而消除，不像不同国家的差别那样。国家间缺少的是能够最终使得资本和劳务从较差生产条件国家流向较好生产条件国家的自由流动。一系列情感因素（在作为理论家的李嘉图的阐述中，作为爱国者和政治家的李嘉图突然插入"看到这些因素被削弱我会很遗憾"）抵制这种流动。资本和工人留在一国之内，即使它们遭受收入损失，转而投入那些虽然没有绝对优势但仍有相对优势条件的生产部门。① 自由贸易理论的基础就是这一事实：非经济理由阻

---

① 参见 Ricardo, *Principles of Political Economy and Taxation* in *The Works of D. Ricardo*, edited by McCulloch, second edition (London: 1852), pp. 76 ff.。

止资本和劳务跨国流动，即使流动似乎从经济动机而言是有利的。在李嘉图的整个有生之年，这可能一直是正确的，但是从长期来看，它就不再正确了。

但如果有关自由贸易效果的李嘉图学说的基本假设不再成立，那么这个学说就随之不再成立。自由贸易在国内贸易和对外贸易中的效果，并没有根本不同。如果资本和劳务的内部流动与国际流动只是程度不同，那么关于两者的经济理论也没有根本上的不同。而且，一定会得到这样的结论：自由贸易的内在倾向，使得劳动力和资本不考虑政治和民族边界，流动到自然生产条件最好的地方。因此，归根到底，不受限制的自由贸易一定会引起整个地球表面的居住条件发生改变，资本和劳务将从生产条件较差的国家流向生产条件较好的国家。

按这种方式修正的自由贸易理论，就像李嘉图的学说那样，也会得出这样的结论：从纯粹经济的观点看，没有什么理由反对自由贸易，所有的理由都反对保护主义。但是，关于自由贸易对地方资本和劳务转移的效果，由于该理论得出了完全不同的结果，它提出了一个完全改变了的出发点去检验支持或反对保护主义制度的经济外理由。

如果人们坚持李嘉图的假设，认为资本和劳务不会被更好的生产条件吸引到国外，那么结果就是应用同样的资本和劳务在不同国家产生不同的结果。民族之间有贫富之别。干预性贸易政策对此无能为力。它们不可能使较穷民族变得富裕。然而，富裕民族的保护主义显得十足的愚蠢。如果人们放弃这个李嘉图假设，他们就会看到，资本回报率和劳务报酬率在全球趋于均等。那么最后，民族不再有贫富之分，只有居住和开发密集程度不等的国家。

毫无疑问，在那时，李嘉图及其学派只能鼓吹自由贸易政策，因为他们不可能意识不到保护性关税不是解决这些困难的办法。然而，对英国来说，这一问题从不存在。它拥有太多的定居领土，这使得移居境外表现为一件对民族没有什么影响的事情。即使远离祖国，不列颠移民也能够保持他们的民族特性，他们不再是英格兰人和苏格兰人，但他们依然是盎格鲁-撒克逊人，并且这场战争重新显示出，政治上这意味着什么。

然而，对于德国人民来说，情况并不相同。由于长久以来的原因，德意志民族并没有自己的、移民可以保持他们德意志特征的殖民地。德国人口已经相对过剩，它迟早要被迫放弃过剩的人口，如果出于各种原因它不能或者不愿意这么做，那么德国人的生活标准就会下降。然而，如果德国人确实迁出移民，那么他们就会失去民族特征，如果这不发生在第一代，就会发生在第二代、第三代或最迟在第四代。 54

这就是霍亨索伦王朝建立后，德国政策面对的问题。德国人面临做出一个民族不是每个世纪都会面临的重大决定之一。至关重要的是，在另一个同样重大的问题即建立德意志民族统一国家的问题得到解决前，解决这一重大问题已变得十分紧迫。甚至仅仅全面理解这一重要和具有历史意义的问题，就需要能够无惧和自由地决定自己命运的一代人。然而，这一任务没有赋予大普鲁士帝国的德意志人民——22个联邦君主的臣民。在解决这些问题的过程中，德国人民也没有把握自己的命运，他们把最重要的决定留给将军和外交官们，他们盲目追随自己的领导人，没有注意到他们正被领到悬崖边。结局是失败。

早在19世纪30年代初，德意志人民就开始关切移居国外的问题。时而是移民们自己不成功地试图在北美建立一个德意志人国家，时而是国内德意志人寻求控制移民组织。这些努力不会取得成功并不令人感到意外。德意志人建立新国家的努力何曾成功过？几十个世袭的君主国拥有自己的飞地、世袭部属和家庭法，他们在自己国内甚至不能够将这种可怜的多样性转型为一个民族国家。当他们甚至不能在国内结束罗伊斯和施瓦茨堡这样微型君主的滑稽统治时，在外面置身于美国佬和克里奥尔人（Creoles）*中间的广阔世界，德意志人怎么能够找到维护自身的力量？在国内时德国国民被禁止"用其有限的智力去判断最高国家当局的行为"[1]，他们到55 哪里能够得到更大规模的政治所要求的政治洞察力？

在19世纪70年代中期，移民问题已经非常重要，解决移民问题到了不能再拖延的地步了。决定性的事情不是移民国外的人数稳步增加。根据美国的数据，那里的德意志移民（不包括奥地利人），从1821—1830年这十年间的6761人，增长到1861—1870年这十年间的822007人，1874年之后——尽管一开始仅是暂时的——德国流向美国的移民人数下降了。更重要的是，德国农业和工业最重要部门的生产条件如此之差以至于根本不可能与外国竞争，这一情况日益清晰。随着东欧国家铁路网的扩展和海洋河流船

---

 * 克里奥尔人，西班牙语意为"土生者"。指出生于拉丁美洲的欧洲人的后裔，以别于直接来自宗主国的白人以及黑人和印第安人。后含义略有演变。在美国，指墨西哥湾沿岸各州早期法国或西班牙殖民者的后裔。——中文版译者注

 [1] 参见普鲁士内务大臣 v. Rochow 1838年1月15日发布的法令，重印于 Prince-Smith, *Gesammelte Schriften* (Berlin: 1880), vol. 3, p. 230。

运的发展，进口到德国的农产品数量之多、价格之低，已经严重威胁到德国农业单位的规模。从19世纪50年代起，德国已经是一个黑麦进口国；从1875年起，它也成了小麦进口国。许多工业部门，尤其是钢铁工业，也不得不与日益加剧的困难局面斗争。

原因在哪里是很清楚的，但人们当时可能仅仅是模糊地感觉到。当运输工具的不断发展使运费更加便宜，外国自然生产条件的优越性就显得越发明显。人们确实试图用另一种方式解释为什么德国产品的竞争力较差，在这方面，就像过去几十年讨论德国经济政策问题实际上所具有的一般特点那样，人们基本上关心的是非本质的边缘问题，完全忽视了问题所涉原则的重大意义。

如果人们认识到这些问题的根本重要性，理解事情的深层联系，那么他们就会说，德国相对人口过剩，要根据生产条件在整个地球表面重新分配人口，一部分德意志人不得不迁出。任何对于减 56 少德意志人口体量甚至中止德意志人口增长的民族政策不感到担忧的人，会对上述判断表示满意。在任何情况下，他会用以下事实安慰自己：单个的生产部门可以转移到国外，其中一部分采取德国企业家在国外建立企业但在德意志帝国国内消费其收入的方式，从而增加德国人民的食物供应。

那些其理想在于保持本民族巨大人数的爱国者不得不承认，不降低民族的生活标准，他们的目标就不可能实现，除非创造这种可能性：通过获得定居的殖民地，尽管部分过剩人口移居祖国之外，但他们仍保留在民族之内。于是，他们就不得不尽其全力去获得这样的居住地。19世纪70年代中期，甚至十年之后，情况一点儿都不是这样，因此他们不可能达到这个目标。在任何情况下，只有与英国联合才能实现这一目标。英国当时以及之后很长时间始终被一个巨大心病困扰，担心其印度领地受到俄国的严重威胁。出于这个原因，英国需要一个能够遏制住俄国的盟友。只有德意志帝国能够做到这一点。德国的强大足以保证英国拥有印度；只要俄国不能确定其西部边界的德国是可靠的，它就永远别想攻击印度。[①] 英国应该给这种保证一笔巨大的补偿，它也肯定会给。或许它会让德国拥有其广泛的南非领地，该地区在当时仅有一个非常小的盎格鲁-撒克逊居民点，或许它也愿帮助德国在巴西、阿根廷或者加拿大西部获取一大块领土。这是否可以实现毕竟值得怀疑。[②] 但是可以确57定的是，如果德国当时可以根据这一方针得到些什么，它只需与英国联合就可以了。然而，易北河东部容克地主的大普鲁士帝国并不想与自由的英国联合。出于国内政治的考虑，作为神圣同盟 [*] 延续的三皇同盟 [**]，似乎是德国唯一可以进入的适合的联盟。当这一联盟最终显示不能维持时，德国面临着是与俄国站在一起反对奥匈帝国还是与奥匈帝国站在一起反对俄国的选择；德意志帝国决定与奥地利结盟，而俾斯麦当时仍不断地寻求与俄国保持友好关系。那么如此一来，德国获得一大块定居领土的这个机会就没有得到利用。

　　德意志帝国没有与英国联合以获得一块定居殖民地，反而于

---

①　为避免误解，这里明确说明，本书无意在德国经常讨论的是倾向"西方"还是"东方"导向的德国政策的问题上持有立场。两个导向都是帝国主义思维，即德国是应该攻击俄国还是英国的问题。德国本应该与英国结盟，与其在一场针对俄国的防御战争中站在一起。然而，毫无疑问，当时这场战争永远不会发生。

②　但是需要指出的是，英国直到世界大战爆发前，不断试图与德国进行和平谈判，甚至准备以放弃一些领土为代价购买和平。

*　后拿破仑时期俄国、普鲁士和奥地利君主联盟。——英文版编者注

**　德国、奥匈帝国和俄国。——英文版编者注

1879 年以后转而采取保护性关税。就像以前在重大政策转折点那样，这里又一次，人们既没有看到这一问题的深层意义，也没有看到采取的新政策的含义。对于自由主义者来说，保护性关税意味着临时性返回到一个已经被取代的制度。政治现实主义实践者混杂着愤世嫉俗、道德缺乏及毫无掩饰的自私的特点，评估政策只从自己利益的角度出发，就是增加地主和企业主的收入。社会民主党人提出他们对李嘉图的褪色回忆供考虑；至于对事情更深入的了解（在这个指导的帮助下一定不难），他们则被他们中间坚持马克思主义理论的教条主义者所阻碍。仅在很久之后，甚至在那时人们也才仅仅是迟疑地理解了这一重大意义：该政策转变不仅是对德国人民的，而且是对全世界人民的。①

关于德意志帝国的保护性关税政策，最值得关注的事情是它缺乏更深刻的基础。对于政治现实主义者来说，在德意志帝国国会 58 获得多数就是充分的正当性。然而，保护性关税理论的任何理论基础看起来都非常糟糕。引用李斯特的幼稚产业关税理论站不住脚。断定保护制度使得闲置的生产力得到使用，这并不构成对自由贸易论据的反驳。缺乏保护它们就不会得以利用证明，它们的生产效益小于正在使用的生产力。幼稚产业关税在经济上也不可能是正当的。老产业相对新产业在许多方面具有优势。但是，只有新产业开始时较低的生产力至少由之后较高的生产力得以弥补，总体来看新

---

① 当伦施（Lensch, *Drei Jahre Weltrevolution* [Berlin: 1917], pp. 28 ff.）认定 1879 年贸易政策的转变是今日世界运行的最深刻的基础之一时，他一定会同意此点，理由并不是他提出的那些，而是完全不同的理由。根据同时发生的事情，并不值得驳斥其进一步的讨论。

产业的崛起才被认为有生产力。而且，新企业不仅从整个经济的角度来看是有生产力的，从私人的角度来看也是赢利的，甚至没有特别的激励它们也会出现。每一家新成立的公司都会估算这种之后会收回的初始成本。为了反驳而引用下述事实是站不住脚的：几乎所有国家都通过保护性关税和其他保护主义措施来支持产业的兴起。可行产业的发展是否甚至无需这种鼓励也会进行，是个可以讨论的问题。在国家领土内，产业分布会在没有任何外部帮助的情况下发生改变。我们在之前缺乏产业的地方看到产业兴起，不仅成功地与老产业地区的企业并驾齐驱，把它们完全逐出市场也不少见。

此外，没有一项德国关税税率可以称为幼稚产业关税。谷物关税不能，钢铁关税不能，其他几百种关税中的任何一种都不能叫这个名字。李斯特说的是幼稚产业关税，他从来没有鼓吹过关税，他从根本上来说是一位自由贸易者。

而且，德国从来没有试图提出过保护性关税理论。[①] 关于保护所有民族劳工和无差别关税必要性的冗长而自相矛盾的讨论，并不能表示自己有权利获得这个名称。它们确实指出了一个寻找方向，不得不去寻找保护性关税政策的理由。然而，这些理由不可能适合——正是由于它们事先放弃任何经济思维方式，纯粹受权力政治导向——用来检验这种方法是否可以真的达到了所追寻的目标。

---

① 舒勒（Schuller）在 *Schutzzoll und Freihandel* (Vienna: 1905) 中给出了一个设定关税税率的理论。对于其保护性关税的论据，参考 Mises, "Vom Ziel der Handelspolitik," *Archiv fürSozialwissenschaft und Sozialpolitik*, vol. 42, 1916/1917, p. 562, 以及 Philippovich, *Grundriss der politischen Ökonomie*, vol. 2, 1st part, seventh ed.(Tübingen: 1914), pp. 359 f.。

在保护性关税鼓吹者的论据中，我们必须首先搁置武力的论据——或者用现在人们通常的说法，"战争经济"的论据。关于战争情况下的自给自足，下文将予以讨论。所有其他的论据都开始于如下事实：与其他领土相比，德国大型和主要生产部门的自然条件更为不利；如果德国还要继续生产，自然的劣势必须由保护性关税加以补偿。对于农业来说，这仅是一个维持国内市场的问题；对于工业来说，则仅是一个维持国外市场的问题：这一目标只能在关税保护之下通过卡特尔化的生产部门的倾销实现。德国作为一个相对人口过剩的国家，很多生产部门在不如外国的条件下生产，必须要么出口货物，要么出口人民。它选择了前者。然而，它忽略了这一事实，只有和生产条件较好的国家竞争，出口货物才有可能。这就是说，尽管生产成本较高，仍要和低生产成本国家卖得一样便宜。然而，这意味着压低工人的工资和全体人民的生活标准。

多少年来，德国人民就沉迷于这种极端幻想。要理解事情的内在联系，人们有必要从经济的角度思考，而不是从国家主义和权力政治的角度思考。总有一天，保护性关税制度最终注定要失败会以无可辩驳的逻辑使每一个人明白。人们可能因这一事实而自欺欺人：只要可以持续保持国民财富的绝对增长，它伤害的只是德国人民的相对福利。但是，留意观察世界经济的发展，就禁不住为德国对外贸易的下一步发展表示担忧。一旦仍是德国工业市场的国家发展了独立的工业，并且其生产条件处于更有利的地位，德国商品出口会怎么样？① 60

---

① 这方面有大量文献，其中可参见 Wagner, *Agrar- und Industriestaat*, second ed.。

从这种情况出发，德国人最终产生了获得大块定居殖民地以及能够给德国提供原材料的热带领地的愿望。由于英国妨碍这些意图的实现，由于英国手头有德国人可以定居的辽阔领地，并且由于英国拥有大块热带殖民地，于是就产生了攻击英国、在战争中击败它的愿望。正是这种想法导致德国开始建设海军舰队。

英国及时意识到了危险。首先它努力与德国和解，它准备为此付出高额代价。当这一意图遭到德国政策反对而被搅黄时，英国做了相应准备。它坚定地决心不坐等德国拥有一支超过英国的舰队，它决心先下手为强，寻找反对德国的盟军。当德国在1914年因巴尔干事务与俄国和法国开战时，英国也参战了。因为它深知，万一德国获胜，它就不得不单独与德国缠斗多年。德国建设海军舰队，一定会导致在德国舰队超过英国之前英国对德国开战。因为英国明白，德国战舰除了攻击英国舰队和海岸外，没有其他用途。为了掩盖它建造舰队所追求的最终目的，德国找到的借口是，它需要一支强大的舰队来保护其扩大的海洋贸易。英国人知道该怎么办。曾经，当仍有海盗存在时，在危险的海域，商船确实需要巡洋舰的保护。自从海上安全建立以来（大约从1860年开始），就不再有这个必要了。仅仅用在欧洲水域保护贸易的愿望来解释建造海军舰队极不真实。

这就立刻能够理解，为什么从一开始，几乎世界上所有的国家都同情英国，反对德国。大多数国家都害怕德国对殖民地的饥渴。欧洲只有几个国家与德国情况相似，能够在比世界其他地方更为不利的国内条件下喂饱自己的国民。意大利第一个属于这一类型，捷克也是。这两个国家也站在我们（德国和奥地利）对手一边，这是由奥地利造成的。[①]

现在战争打完了，我们输掉了。德国经济被长久的"战争经济"完全摧毁了，而且它不得不承担沉重的赔偿负担。但是，比战争的直接后果更糟的，一定是对德国世界经济地位的冲击。德国支付其所依赖的原材料的方式，部分靠制成品出口，部分靠其海外企业和投资收入。这在未来不再可能。战争期间，德国的海外投资或被没收，或因被用来支付进口各种货物而枯竭。然而，制成品的出口，将遭遇极端困难。许多市场在战争期间失去了，很不容易赢回。而且，战争虽然没有创造新局面，却唯一促进了没有战争也会出现的发展。在德国以前占有的市场，战争对贸易的阻碍使新企业得以生存。即使没有战争它们也会出现，不过要晚一些。现在，一旦它们存在，并且比德国企业有更好的生产条件，它们将使德国出口面临严峻的竞争局面。德国人民将被迫缩减消费。他们将不得不更廉价地工作，也就是说，要比其他国家的人民生活得糟糕。整个德国的文化水平将变低。毕竟，文化就是财富。没有幸福，没有财富，就永远不会出现文化。

确实，移居国外仍可能是开放的。但是，可以考虑的领地的居民并不想接受德国移民。他们害怕数量上被德国因素超过，他们担心移民对工资带来的压力。早在战争前，瓦格纳就已经能够指出这

---

①　日本和中国也反对我们，可归因于灾难性的胶州政策。(1914—1918 年战争期间，中国和日本都对德国抱有敌意。在 1897 年两名德国传教士在胶州被杀后，德国派出军舰占领了胶州，强迫中国签署了 99 年的租约，租借该港口和海湾。日本在 1894—1895 年中日甲午战争中打败中国后，获得了包括大连和旅顺在内的辽东半岛，但是马上日本就在德国、俄国和法国的压力下把辽东半岛归还给中国。——英文版编者注)

一事实: 除了犹太人, 没有其他民族像德国人"那样零碎和个体地
62 分散在几乎整个地球表面的其他文明民族和国家中间。他们常常
在那里成为能干的成分, 甚至是文化的促进者, 但很少在生活中居
于领导地位, 更经常地处于中间地位和较低的地位, 是小男人和小
女人"。他还说, "这种离散的德国人"尽管更受尊重, 却不比犹太
人和亚美尼亚人更受人喜欢, 他们被当地人们看作很讨厌的人也不
罕见。[①] 大战之后, 现在情况变得怎么样?

人们只有现在才能完全调查背离自由主义政策原则给德国人
民带来的伤害。如果德国和奥地利没有返回到保护性关税, 它们今
天会处于多么不同的地位? 当然, 人口体量不会像今天那么大。但
是, 较少的人口可以生活和工作在与世界上其他国家同样舒适的环
境下。德国人民会比今天更加富裕和幸福, 他们没有敌人和嫉妒
者。饥饿和混乱——这就是贸易保护主义政策的结果。

德国帝国主义的结果是将德国人民陷入痛苦的不幸, 使他们成
为被遗弃的人民, 这表明上一代德国人所追随的领导人走的是错误
的道路。这条路上找不到名望, 找不到荣誉, 找不到财富, 也找不
到幸福。1789 年的思想不会把德国人带到今天的地步。难道不是
今天被谴责为缺乏国家感情的启蒙时代的人们, [②] 更好地理解对于
德国和整个世界什么才是好的吗? 比任何理论所能做到的更加清
楚的是, 历史进程表明: 恰当理解的爱国主义通向世界主义; 一个
民族的幸福并不在于使其他民族不好, 而在于与其他民族和平地合

---

① 参见 Wagner, loc. cit, p.81。

② 参见 Sprengel, *Das Staatsbewusstein in der Deutschen Dichtung seit Heinrich von Kleist* (Leipzig: 1918), pp. 8 ff.。

作。德国人民曾经拥有的一切，它的知识精英和物质文化，都为了一个虚幻的目标而无谓地牺牲了；没有给任何人带来好处，只给自己带来伤害。

一个相信自己和自己未来的民族，一个想要强调这种确定的情感——其成员不是仅靠偶然的出生在一起，而是靠共同拥有对他们每一个人来说比什么都有价值的文化才在一起——的民族，当看到个人转投其他民族时，必然能够保持平静。一个意识到自己价值的民族，不会强行扣留那些想要离开的人，也不会强行并入那些并非自愿加入的民族共同体。让自己文化的吸引力在与其他民族竞争时证明自己——仅此就值得一个民族自豪，仅此就是真正的民族和文化政策。在这方面，权力和政治统治的方式绝不是必要的。

由于命运眷顾而拥有广大居住领地的那些民族，没有理由采取另外的政策。这些殖民地确实不是通过和气的对话得来的，可怕的大屠杀奠定了许多今日繁荣的殖民居住点的基础，人们对此想到的只是战栗和愤怒。但是，世界历史的其他篇章也是用血写成的，通过提出数代之前的残暴去努力美化今日帝国主义及其暴行，没有什么比这更加愚蠢的了。我们必须认识到，征服探险的时代已经过去了，今天至少对白种人民使用武力已不再被接受。不论谁想否认这一现代政治的世界法原则——启蒙时代自由主义理想的表达——都会使自己与世界上所有其他民族为敌。想要用大炮和战舰获取地球上的一块新土地，是一个致命的错误。

国内面临相对人口过剩压力的民族，今天可以不再使用民族迁徙时代惯用的那些救济方法。完全自由的移民迁入迁出和无限制的资本自由流动一定是它们的要求。只有通过这种途径，它们才能

63

为其民族同胞取得最优惠的经济条件。

当然，在多语言领土，控制国家和政府的民族斗争不可能完全消失。但是，它会随着国家职能受限制和个人自由扩展的程度而失去尖锐性。任何希望民族之间和平的人必须反对国家主义。

64　　（3）帝国主义的根源

得到可供居住的领地和可供开发的殖民地——人们常常在这种欲望中寻找现代帝国主义的根源。这种解释把帝国主义视为一种经济上的必要。如果我们考虑自由主义在这一问题上是什么立场，我们就会认识到这一解释是不充分的。自由主义的口号是迁徙自由，同时，它反对所有的殖民事务。自由主义学派提出的证据是无可辩驳的：自由贸易并且只有自由贸易从纯粹经济的观点来看是正当的，只有它保证为所有人提供最好的供给，用最小的成本支出得到最大的劳动产量。

这个自由主义的原理也不可能被如下论断（对其正确性我们不予置评）动摇，即有的民族没有做好自治的准备并且永远都不会。这些低级种族被认为政治上必须由高级种族治理，而经济自由无论如何都不受限制。英国人一直以来以此来解释他们在印度的统治；也正因为如此，刚果自由邦被构想出来：对所有民族的经济活动敞开大门，与统治民族的成员和原住民进行自由竞争。殖民政策的实践偏离了这一理想，而且像原来那样，把原住民仅视为工具，而不认为他们本身就是目的，它——首先是法国人使用贸易政策同化制度——还在殖民地排斥所有不属于统治民族的人：这些都仅是帝国主义思考方式的后果。但是它们来自何处？

从个人主义角度也能找到对帝国主义合理性的解释。这一解释基于种群混居领土的条件。在这里，运用民主原则的后果本身就注定会导致黩武的侵略性的民族主义。今天，在那些引入外来移民潮的领土上，情况并没有什么不同。那里不断出现新的混合语言问题，那里也一定不断出现帝国主义性质的民族主义。因此，我们在美洲和澳大利亚看到限制不受欢迎的外族移入的努力在增长。由于害怕在自己国家数量上被外国人超过，同时害怕外族移民不再能被完全同化，这种努力注定会出现。

毫无疑问，这就是帝国主义思考方式重生的出发点。从这里 65 开始，帝国主义精神逐渐腐蚀了自由主义的整个思想结构，一直到最后它能够取代个人主义基础，而它则从这里产生了集体主义的基础。自由主义思想始于个人自由，它拒绝所有一部分人对另一部分人的统治，它不承认领袖人物也不承认臣民之人，就像在民族之内它并无主人和奴隶之分。对于完全成熟的帝国主义，个人不再具有价值。只有作为整体的一个成员、军队的一个士兵，个人才对帝国主义有价值。对于自由主义，其民族同胞的数量不是一个过于重要的问题。对于帝国主义则不是这样，它为民族人口的巨大数量而奋斗。为了征服和占有，它必须要具有军事优势，军事重要性则总是依赖于可以支配的战士数量。获得和保持大量人口因此成为一个特殊政策目标。民主主义者为统一民族国家而奋斗，是因为他相信这是民族的意志。帝国主义者希望国家越大越好，他不在乎这是否反映了人民的愿望。①

---

① 我们曾经看到，为民族统一国家而奋斗是如何产生于人民的愿望。帝国主义则有不同解读。对它来说，统一国家的思想是吞并的法律借口。因此，泛日耳曼者想违背人们的意愿吞并瑞士的德意志人州甚至荷兰。

　　拥护帝国主义的人民组成的国家在对主权和边界的解释上与老的君主专制国家几乎没有不同。如同后者，除了另一个强权国家的反对外，它的统治扩张不受限制。它对征服的贪欲没有限制。它无视人民的任何权利。如果它"需要"一块领土，它就直接获取，并且在可能的情况下，从被征服的人民那里进一步要求更多他们认为公正合理的东西。在帝国主义国家眼中，外族人民不是政策的主体而是客体。他们就是——正像君主专制国家曾经认为的那样——他们居住国家的附属物。因此，表达也以现代帝国主义的讲话方式重现，这曾经被认为已经遭人遗忘。人们再次谈论地理边界，[①] 谈论

66　使用一块土地作为"缓冲区"的必要性。领土再次变得整齐，它们被人们交换并出售换钱。

　　这些帝国主义的教义如今人们都已熟知。出征去和帝国主义战斗的英国人、法国人和美国人的帝国主义性质与德国人不相上下。当然，他们的帝国主义与 1918 年 11 月之前的德国版本在一个关键点上有所不同。当其他民族把他们的帝国主义做法仅针对热带和亚热带地区民族，而遵照现代民主原则对待白种人民族时，德国人正是由于他们在欧洲多语言领土的位置，将他们的帝国主义政策也对准了欧洲人。[②] 几个殖民地大国在欧洲和美洲谨遵民主-和

---

　　① 民族性原则对自然地理边界理论的回答由阿恩特（Arndt）给出，他认为"唯一最正当的自然边界由语言划定"（*Der Rhein. Deutschlands Strom aber nicht Deutschlands Grenze,* 1813, p. 7），之后由格林姆（J. Grimm）恰当地阐述，他谈及"自然法……不是河流和山脉形成了民族之间的边界，对于跋山涉水的民族来说，她自己的语言就可以单独地划定边界"（同上引书，第 557 页）。至于有人如何从民族性原则推导出要求吞并"小的、不能独立生存的民族，特别是那些不能建立自己国家的民族"的领土，可以参见 Hasse, Deutsche Politik, vol.1, third part (Munich: 1906), pp. 12 f.。

　　② 盎格鲁-撒克逊人所表现的帝国主义仅在阻止移民迁入方面也针对白人。

平主义的民族性原则，仅对非洲和亚洲民族实行帝国主义。他们因此没有与白种人民族的民族性原则发生冲突，比如德国人拥有的民族性原则，后者则在欧洲到处实行帝国主义。

为了美化在欧洲应用帝国主义原则，德国理论界急于反对民族性原则，代之以国家统一学说。小国如今被认为不再具有任何存在的正当性。它们被认为太小太弱，不能形成一个独立的经济领土。因此，它们应该为了和大国形成一个"经济和战壕共同体"而有必要寻求与大国联合。①

如果这不过意味着小国几乎不能充分抵抗它们强邻的征服贪欲，人们不可能对此反驳。小国实际上不可能与大国在战场上竞争，如果小国和大国发生战争，则除非得到外部的帮助，否则小国必定屈服。这种帮助几乎不会缺少。大大小小的国家都会提供，不是出于同情或者原则，而是它们自己的利益。事实上，我们看到，小国像强权大国一样，自身存在了数个世纪。世界大战的过程表明，甚至在今天，小国最终并不总是最弱的。如果有人通过威胁迫使小国与大国联合，或者通过武力强迫它屈服，这证明不了"时间不利于小国主权"这一论断。② 今天这一命题与亚历山大大帝、帖木儿或拿破仑时代同样正确或错误。现代政治思想允许小国今天比以往更加安全地继续存在。世界大战期间，同盟国对许多小国取

67

① 参见 Naumann, *Mitteleuropa* (Berlin: Georg Reimer, 1915), pp. 164 ff. (*Central Europe*, trans. By Christabel M. Meredith, New York: Knopf, 1917, pp. 179 ff.); Mitscherlich, *Nationalstaat und Nationalwirtschaft und ihre Zukunft* (Leipzig: 1916), pp. 26 ff; 这方面的其他作者，参见 Zurlinden, *Der Weltkrieg. Vorläufige Orientierung von einem schweizerischen Standpunkt aus*, vol. 1 (Zurich: 1917), pp. 393 ff.。

② 参见 Renner, *Österreichs Erneuerung*, vol. 3 (Vienna: 1916), p. 65。

得军事胜利，这绝不能证明下述说法是合理的：今天"一个小规模国家"如同一家小规模铁匠铺般过时。当伦纳提及德国和奥地利军队对塞尔维亚人的胜利，他觉得他可以用马克思主义的表述"国之为一国的物质条件反抗其非物质条件——一个概念间的矛盾在实践中给民族和国家带来悲惨命运"来驳倒民族性原则时，[①]他从而忽视的事实是，军事弱小对小国来说会是致命的，数千年前早已如此。

瑙曼、伦纳及其追随者断定，所有的小国都已风光不再。他们认为，国家为了经济上自足至少必须拥有足够的领土。这并不正确，前文已经说清。在劳动分工已扩展到广大土地、整个大陆、事实上整个世界的时代，并不存在以国家的形式检验经济自足的问题。一国居民是直接还是间接通过国内生产满足需要并不重要，重要的仅是他们可以完全满足自己。当伦纳将奥匈帝国单个民族争取独立与一旦它们脱离帝国去哪儿得到这个或那个物品的问题对立起来时，这是十分荒唐的。而且在国家结构统一时，它们也不是免费得到这些物品，只有提供价值回报才能得到，而当政治共同体分裂时，这一价值回报不会变得更大。只有我们生活在国家之间不可能有贸易的时代，上述反方意见才有一定意义。

因此，国家领土的大小并不重要。当一个国家的人口很少时，国家还是否可行是另外一个问题。当前，人们注意到，许多小国国家活动的成本要高于大国。那些袖珍国家，如列支敦士登、安道尔和摩纳哥等欧洲小国，只有与邻国联合起来才能组织其有各级管辖权的法院系统。很显然，对这样的小国来说，建立一个大国公民能

---

① 参见 Renner, *Österreichs Erneuerung*, vol. 3 (Vienna: 1916), p. 66。

够得到的那种综合法院系统，比如建立上诉法院，财政上是不可能的。人们会说，从这种观点看，一个小国如果其国民人数少于一个大国行政机关的数量，这种国家只有在例外情况下才能存在，即只有它们的人口非常富裕时。缺乏这一前提的小国由于国家财政的原因，将不得不把它们的行政与较大的邻国联系起来。[①] 满足不了这些条件的人口太少的民族不存在，也根本不可能存在，因为一种独立标准语的发展毕竟要以几十万个说该种语言的人为前提。

当瑙曼、伦纳及其无数信徒向欧洲小民族推荐同德国领导下的"中央欧洲"（a Central Europe）结盟时，他们完全误解了保护性关税政策的本质。对于东欧和东南欧的小民族来说，出于政治和军事的理由，它们都希望得到确保所有参与者独立的同德意志民族的联盟。然而，它们绝不欢迎一个专门为德国利益服务的联盟。不幸的是，这就是"中央欧洲"的鼓吹者脑袋里所想的唯一类型。他们想要一个能够使德国在军事上与世界强国竞争殖民地的联盟，而得到这些殖民地仅仅使德意志一个民族受益。此外，他们构想的中央欧洲世界帝国是一个保护性关税共同体。然而，那些小民族想要的并不仅仅是这些。它们不想仅成为德国工业品的市场，它们不想放弃位于国内的工业部门的发展，从外边进口本地生产会更便宜的德国商品。据认为，加入中央欧洲关税领土的必然后果是农产品价格上涨，仅此一点，就对寻求加入中央欧洲帝国的农业主导国有吸引力。然而，人们没有注意到，这一论据仅使没有受过经济学培训的人眼

69

---

① 也请参见俾斯麦 1867 年 12 月 11 日在普鲁士下议院关于瓦尔德克-皮尔蒙特公国加入普鲁士条约的发言 (*Fürst Bismarcks Reden*, edited by Stein, vol. 3, pp. 235 ff.)。

前一亮。不可否认，罗马尼亚加入德国-奥地利-匈牙利海关共同体会经历农产品价格上升。然而，人们忽视了另一方面，工业品价格也会上涨，因为此时罗马尼亚不得不支付较高的德国国内价格，而如果它不加入和德国的海关共同体，它仅须支付较低的世界市场价格。因此，它加入德国海关共同体的所失要大于所得。当前，罗马尼亚是一个相对人口不足的或者至少人口不过剩的国家，这意味着其大部分出口货物在当前及可预见的未来无须倾销出口。罗马尼亚没有企业从事初级生产，只有少数位置不受自然条件限制的工业企业。德国的情况不同，恰恰在最重要的生产部门，人们在远不如外国的条件下工作。

帝国主义思考方式的出现，声称是要帮助现代经济发展到恰当的状况，事实上却被物物交换经济和封建的先入之见紧抓不放。在世界经济时代，把开创广大自给自足经济领土的要求视为一个经济要求，是荒谬透顶的。在和平时期，这与一个人是在家亲自制造食物和原材料，还是为了更经济一些用自己生产的其他产品作为交换从外边获得它们，没有什么不同。当中世纪的一位君主获得一块有矿可采的土地时，他有权声称这个矿是他自己的。但是，如果一个现代国家增加了一项矿业财产，这些矿产品并不因此成为每个公民的财产。他们必须通过交换自己的产品来购买该矿产品，就像他们以前那么做一样，政治秩序的变化并不对它们的产权产生重要影响。如果那位君主对增加一个新的省份感到开心，如果他对自己王国的大小感到骄傲，这很容易理解。然而，如果一个普通人对于"我们"获得了一个新的省份感到开心，对于"我们的"王国变大感到骄傲，那么，这是一种并非产生于满足了经济需要的快乐。

就经济政策而言，帝国主义绝不适合世界经济1914年达到的发展阶段。当匈人在欧洲一路烧杀时，他们通过破坏留下来的东西伤害敌人，但不伤害他们自己。但是，当德国军队毁坏煤矿和工厂时，他们也恶化了德国消费者的供应。煤和各种工业产品将来只能降低产量或者以较高成本生产，参与世界经济运转的每一个人都会感受到这一点。

然而，一旦认识到这一点，只能举出军事论据来支持民族扩张政策。民族必须人口众多，这样才能够征募足够多的士兵上战场。然而，士兵又需要去获得可以养活士兵的土地。这就是帝国主义思考方式无法避免的循环。

(4)和平主义

长久以来，梦想家和人道主义者一直在开展普遍和永久和平思想运动。由于战争给个人和民族带来不幸和苦难，人们深深渴望和平永远不再被打断。为了实现全世界的和平，空想家们用最绚丽的色彩描绘摆脱战争的好处，号召国家联合起来建立一个持久的联盟。他们呼吁皇帝和国王们要有高远的志向；他们提及神的旨意，并许诺给实现他们理想的任何人远超过伟大战争英雄的不朽之名。

历史在其日程表上遗漏了这些和平建议。它们只能引起人们的文学好奇心，没有人会认真对待。掌权者们从来没有想过要放弃权力，他们也永远不可能像天真的梦想家们要求的那样把他们的利益屈从于人类的利益。

旧的和平主义一般考虑人道主义和杀戮的恐怖，从18世纪才开始发展的自然法启蒙哲学的、经济自由主义的和政治民主的和平主义被认为与此有很大不同。它并不产生于号召个人和国家放弃

71

追求世俗利益的情感——这些世俗利益出于渴望名誉和来世获得回报；它也不是一个与其他道德要求没有有机联系的独立的要求。而且，和平主义在这里遵循整个社会生活体系的逻辑必然。从功利主义立场出发的人，会拒绝一部分人对另一部分人的统治，要求个人和人民自决的全部权利，从而也就已经拒绝了战争。把一个民族内各阶层和各民族相互间恰当利益的和谐作为其世界观基础的人，不会再为战争寻找理性的基础。把保护性关税和职业禁止甚至都看作是伤害每一个人的措施的人，更不会理解怎么会有人不把战争看作破坏者和毁灭者，是一种不仅打击被征服者也同样打击胜利者的罪恶。自由的和平主义要求和平，是因为它认为战争无益。这一观点只有从自由贸易学说的角度才能理解，该学说通过休谟、斯密和李嘉图的古典理论得到发展。想要为永久和平做准备的人，像边沁，一定是一位自由贸易主义者和民主主义者，致力于去除母国对殖民地的所有政治统治，争取个人和货物的完全自由流动。[①] 仅此而非其他才是永久和平的先决条件。如果人们想创造和平，那么他们必须消除民族之间冲突的可能性。只有自由主义和民主思想才有力量做到这一点。[②]

　　然而，一旦人们抛弃这一立场，他们就失去了反对战争和冲突72 的合理理由。如果人们认为，社会不同阶层之间存在不可调和的阶

---

　　① 参见 Bentham, *Grundsätze für ein zukünftiges Völkerrecht und für einen dauernden Frieden*, translated by Klatscher (Halle: 1915), pp. 100 ff.。

　　② 今天人们设法让自由主义为世界大战的爆发负责。另一方面，请比较 Bernstein, *Sozialdemokratsche Völkerpolitik* (Leipzig: 1917), pp. 170 ff.，他在这里提到了自由贸易与和平运动的紧密联系。施潘（Spann）是一位和平主义的反对者，他特别强调"作为今日资本主义社会特征的令人厌恶和可怕的战争"（同上，第137页）。

级对立，除了一个阶级武力战胜其他阶级外问题无解，如果人们相信，除了一个民族所得是其他民族所失的那种情况外，各个民族之间不可能有联系，那么人们当然必须承认，国内革命和对外战争是不可避免的。马克思主义的社会主义者拒绝对外战争，是因为他们认为敌人不是外国民族，而是本民族的有产阶级。民族主义的帝国主义者拒绝革命，是因为他们相信在与外国敌人的战斗中，本民族的所有阶层有着一致的利益。不像仅仅支持自卫战争的自由主义者，他们两者既不是坚定的武装干涉的反对者，也不是坚定的流血杀戮的反对者。因此，出于对无辜流血的仁慈关心，对于马克思主义的社会主义者来说，没有什么事情比让他们火冒三丈的对外战争更糟糕，对于沙文主义者（盲目爱国主义者）来说，没有什么事情比让他们火冒三丈的国内革命更糟糕。谁能够容忍格拉古兄弟对叛乱的控诉？

　　自由主义者拒绝侵略战争不是基于博爱的理由，而是出于效用的立场。它拒绝侵略战争是因为它认为胜利是有害的，它不想要征服是因为它认为，对于它努力达到的最终目的来说，征服不是合适的手段。不是通过战争和胜利，而是只能通过工作，一个民族才能为其成员的幸福创造前提条件。取胜的民族最终会灭亡，或者由于它们被强大的民族所毁灭，或者由于被征服者在文化上推翻了统治者。日耳曼民族曾经征服了世界，然而最终还是被击败了。东哥特人、汪达尔人在战斗中消亡，西哥特人、法兰克人和伦巴第人、诺曼人和瓦兰吉亚人在战斗中保持胜利，但是他们在文化上被被征服者击败，他们这些胜利者吸收了失败者的文化，被吸收到失败者之中。所有统治民族的命运无非这种或者那种。地主死了，农民还在，就像歌剧《墨西拿的新娘》中的合唱所唱的那样，"外国征服者来来去去，我们服从，但是我们生存下来"。长远来看，刀剑并不是一个民族广泛扩散的最适合的方式。这就是黑格尔所说的"胜利无效"。[①]

73　　博爱的和平主义想废除战争而不查明战争的起因。

有人建议，通过仲裁法庭解决民族间的争端。就像对于个人之间的关系，除了特别例外的情况外不再允许自助，受害人只拥有诉诸法院的权利，因此对于民族之间的关系，情况也一定是这样。这里武力也应该让位于法律。人们推测，和平解决民族间争端同解决民族内部个体成员间争端一样简单。民族间仲裁的反对者，应该像中世纪极力抵制国家司法管辖权的封建领主和争吵者那样受到审判。这种抵制必须直接取消。如果几年之前就已经这么做的话，那么世界大战及其悲惨后果本来可以避免。其他国家间仲裁的拥护

---

① 比较 Hegel, *Werke*, third edition, vol. 9 (Berlin: 1848), p. 540。人们可能会问，那么和平主义和军国主义的区别到底是什么？因为和平主义者也根本不会为了保持和平而不惜任何代价，而且在某些条件下，他们更喜欢战争而不是不堪忍受的和平状态；相反，军国主义也并不想从事永久的战争，而只是重建他们认为合适的明确条件。因此，两者恐怕都根本反对那种绝对放弃生命的被动性，而这种被动性是福音书所赞扬的，也是许多基督教教派所践行的；它们两者之间仅是程度不同而已。然而，事实上，对比非常明显，成为一个根本的分歧。这种分歧，一方面在于估计阻止我们实现和平的障碍的大小和难度，另一方面在于估计与冲突相关联的坏处。和平主义相信，我们与永久和平之间仅有一层很薄的隔层，去除它就会立刻导致和平状态；而军国主义则为自己设置了遥远的目标，认为在可预见的未来都无法达到，因此长期的战争仍在前方等着我们。自由主义相信，仅通过废除君主专制主义，永久和平就可以持久地建立；而德国军国主义则非常清楚这一事实：获得并保持孜孜以求的德国霸权需要在很长的时期内不断进行战争。而且，和平主义总是兼顾到战争的损害和坏处，而军国主义则视之如鸿毛。从这里，我们可以得出结论，和平主义直率地偏爱和平状态，军国主义一贯地赞颂战争，其社会主义形式，则是赞颂革命。和平主义和军国主义进一步的根本区别可能在于它们在权力理论上的立场。军国主义认为统治的基础在于物质力量（拉萨尔、拉松），自由主义则认为在于精神力量（休谟）。

者则不要求那么多。他们希望至少在最近的未来，仲裁的义务不要包括所有争端，而仅包括那些既不触及荣誉也不触及民族存在条件的争端，即只包括次要的情况，而对于其他情况，古老的战场上决定的方法依然可以保留。

认为战争的数量可以因此而减少，不过是一个幻想。多少年来，战争只是由于几个重要的理由依然可能发生。这不需要引用历史实例来确认，也不需要长篇解释。君主专制国家发动战争的频率，是根据志在扩张权力的君主兴趣的需要。在君主及其顾问的计算中，战争是像其他工具一样的工具，不存在把人的生命放在重要位置的情感考虑，他们冷酷地权衡军事干预的好处和坏处，就像棋手考虑他的招式。一王功成万骨枯。战争或许不是如人们常说的那样，开始于"微不足道的原因"。战争的起因总是一样的：君主对权力的贪婪。表面上看着像是战争起因的东西只是一个借口，例如腓特烈大帝的西里西亚战争。民主的时代不再有内阁私下谋划的战争（cabinet wars）。就连那三个欧洲强权帝国，作为老的国家专制主义思想的最后代表，长久以来也不再拥有发动这种战争的权力。国内的民主反对派在这方面已经很强大。从国家的自由主义思想的胜利把民族性原则推到前台的那一刻起，战争的爆发只能出于民族原因。

目前仲裁程序是否应该适用于民族间不重要的争端，这些争端是否应该留给当事方谈判解决，不论在其他方面多么重要，不是这里感兴趣的问题。必须指出的是，近些年讨论的所有仲裁条约似乎只适合解决不重要的争端问题，截至目前，所有进一步扩大国际仲裁范围的尝试都失败了。

74

如果人们断定，民族之间所有的争端都能通过仲裁法庭解决，因此可以完全消除战争裁决方式，那么一定要注意到这一事实，每一种司法首先假定存在广泛认可的法律，然后是应用法律格言到具体个案的可能性。它们都不适用于我们所说的那些民族间的争端。所有创造一个可以用来裁决民族间争端的实质国际法体系的尝试都失败了。一百年前，神圣同盟寻求把正统性原则提高到国际法基础的地位。君主的财产当时不仅受到保护和保障而不受其他君主侵犯，而且根据当时的政治思想，也不受革命臣民要求的侵犯。这一企图失败的原因不必深究，它们显而易见。可是今天，人们似乎倾向于重新开始同样的尝试，以威尔逊的国际联盟的名义，创造一个新的神圣同盟。今天不是君主而是民族保障它们的财产，这一区别并不影响事情的本质。事情的关键在于财产安全受到完全保障。就像一百年前那样，世界的分割再一次被认为是永久的和最后的。然而，它不会比前一个更为持久，也不会比前一个给人类带来更少的流血和不幸。

当神圣同盟所熟悉的正统性原则摇摇欲坠时，自由主义宣布了调整民族间关系的新原则。民族性原则似乎意味着所有民族间争端的终结，它是所有冲突应该和平解决所依据的规范。凡尔赛的国际联盟尽管也采取了这个原则，但可以肯定的是，这只适用于欧洲民族。然而，它这么做时忽视了这一事实：将该原则应用于不同民族成员混居在一起的地方时，只会更加容易点燃各民族间的冲突。更严重的是，国际联盟并不承认个人的迁徙自由，仍允许美国和澳大利亚拒绝不想要的移民。只要国际联盟有权力控制住反对者，它就可以持续下去。它的原则的权威和效力建立在武力基础上；弱势群体一定会屈服于武力，但是他们永远不会承认它是正确的。德国人、意大利人、捷克人、日本人、中国人和其他人从来不会认为这样的状况是公正的：北美、澳大利亚、东印度土地上不可估量的财富是盎格鲁-撒克逊民族的专属财产，法国人把数百万平方公里最好的土地围起来作为私人花园。

社会主义学说希望通过实现社会主义建立永久和平。"那些个人迁徙，"奥托·鲍尔说，"被盲目流行的资本主义竞争规律所左右，几乎完全不受深思熟虑的规则调控，应该终止。取而代之的是社会主义共同体深思熟虑的移民规划。他们将把移民带到更多人工作会增加劳动生产率的地方。在增加人员数量会减少土地产出的地方，他们将引导部分人口迁出。通过社会有意识地调控移民迁入迁出，控制其语言边界的权力第一次落入每个民族手中。这样，就不再有违背民族意愿的社会迁徙反复违背民族性原则。"①

我们可以想象以两种方式实现社会主义。第一，最完满地实现为社会主义世界国家。在这样的国家，负责控制整个生产的官员将决定某一个生产单位的位置，从而也调节工人的迁徙，履行与自由经济中生产者的竞争——到现在甚至没有近似地实行过——所承担的同样的任务。这位官员将把工人从生产条件较差的地方重新安置到生产条件较好的地方。然而，在社会主义者的世界共同体里，民族性问题仍然会出现。如果德国削减纺织和钢铁生产，美国扩大生产，那么德国工人将不得不迁居到盎格鲁-撒克逊领土。如鲍尔所说，正是这种迁居一再破坏民族性原则，违背民族意愿。但是它

①　参见 Bauer, loc. cit., p. 515。

们不仅在资本主义经济秩序中破坏，像鲍尔所想的那样，在社会主义秩序中也一样。它们在自由经济秩序中受资本主义竞争规律的盲目统治，而在社会主义共同体中受社会思想的调整，这是次要的。如果对工人移民深思熟虑的调整受纯经济效率的理性观点指导，那么一定会产生自由竞争也会产生的同样结果，即工人们不考虑居住地从历史上继承来的民族条件，迁居到需要他们利用最好的生产条件的地方。不过，在那里存在着所有民族摩擦的根源。假定越过民77 族居住地边界的移民工人，在社会主义共同体不会产生在自由共同体会发生的同样冲突，当然是彻头彻尾的乌托邦思维方式。

然而，社会主义的实现也可能不通过世界国家的方式。我们可以想象一系列独立的社会主义政治体系——或许是民族统一国家——并肩而立，没有对世界生产进行共同管理。单独的共同体这时是其领土内自然的和人造的生产手段的主人，它们相互之间只有以交换货物的方式联系。移民问题不会失去其制造民族间冲突的能量。一国或许不会彻底关闭移民入境的大门，但是它们不会允许移民获得居民地位，得到民族生产成果的全部份额。一种国际移民工人体系会产生。因为这些社会主义共同体的每一个在其领土内都有受自己支配的自然资源产品，因此各个领土居民收入的多少不同（一些民族多，一些民族少），人们甚至仅因这个原因就会拒绝外族因素的流入。在自由经济秩序下，所有民族的成员都有可能获得整个世界生产手段的私人产权，比如，德国人可以有一块印度土地资源，而德国资本也可以流动到印度，帮助那里利用更好的生产条件。在其他大陆，欧洲人民会被排除在产权之外。他们将不得不平静地忍受海外领土不可估量的财富仅给当地居民带来好处的事实，

他们将不得不看到一部分土地财富由于缺乏利用它的资本而闲置。 78

　　所有不基于建立在生产手段的私人产权之上的自由经济秩序的和平主义，一定是乌托邦。任何希望民族间和平的人，必须寻求最严格地限制国家及其影响。

　　从一个社会主义者的国家主义视角来看，明显的是，由于地理和商业的必要性，一个国家一定不要让自己与大海隔离。① 通往海洋的问题总是指导着俄国在欧洲和亚洲的征服政策，支配着德国和奥地利对的里雅斯特的国家行为，支配着匈牙利对南斯拉夫的国家行为，这一问题产生了声名狼藉的"走廊"理论，为此，人们想牺牲德意志城市但泽。对于自由主义者来说这一问题完全不存在。自由主义者不能理解，人们怎么会被作为"走廊"利用，因为他从一开始采取的立场认为，个人和民族永远不可以用作工具，而一直是目的，而且因为他从来不把人们当作他们居住土地的附属物。自由贸易主义者提倡完全的自由流动，不能理解如果一国能够通过自己的国土把其出口货物运到海岸，它会给其人民带来何种好处。如果旧沙皇俄国获得一处挪威海港，以及通过斯堪的纳维亚到达该海港的一个通道，它不可能从而缩短俄国内陆各个部分到海洋的距离。俄国经济感到不便的是，俄国生产场地远离海洋，因此交通系统缺少海洋货物运输便利所能带来的优势。但是，这些都不会通过获得斯堪的纳维亚港口得以改变。如果自由贸易盛行，最近的海港是由俄国还是其他国家官员管理，就完全是一件无关紧要的事情。帝国

---

　　① 参考 Rodbertus, *Schriften*, edited by Wirth, new edition, vol. 4 (Berlin: 1899), p. 282。

主义需要海港是因为它需要海军基地，还因为它想发动经济战争。它之所以需要它们，不是为了使用它们，而是不让其他人使用它们。贸易自由国家的非国家主义经济并不承认这种论证。

洛贝尔图斯和恩格斯都反对奥地利各个非德意志民族的政治要求。在大君主国在欧洲实际上是历史必要的时代，德意志人和马扎尔人"把所有小的、发育不良的、虚弱的民族组成一个大帝国，从而使他们能够参与历史发展，而如果靠他们自己，则不过是局外人"——恩格斯责备泛斯拉夫主义者不理解这些。他承认，这样的帝国成不了气候，"如果不用武力去摧毁一个民族的脆弱之花的话。但是，没有武力和残酷无情，在历史上就做不成任何事情。如果亚历山大、恺撒和拿破仑具有泛斯拉夫主义目前为其腐朽的对象所恳求的同样的同情心，那么历史会变成什么样子！波斯人、凯尔特人和基督教德意志人不如捷克人以及奥古林和锡雷特人重要吗？"[①] 这些句子出自泛日耳曼作家之笔非常合适，或略加修改来自捷克或波兰的沙文主义者。恩格斯然后继续写道："然而目前，作为工业、贸易和通信巨大进步的后果，政治集权化相比于15世纪和16世纪成为更紧迫的需要。仍必须要集权化的变得集权化了。现在泛斯拉夫主义者要求我们'释放'这些半德意志化的斯拉夫人，我们应该取消通过其所有的物质利益强加给斯拉夫人的集权化吗？"这本质上无非就是伦纳关于政治生活集中趋势和多民族国家经济必要的学说。我们看到，正统马克思主义者指责伦纳是"修正

---

①　参见 Mehring, *Aus dem literarischen Nachlass von Marx, Engels und Lassalle*, vol 3(Stuttgart: 1902), pp. 255 f.。

主义"异端,这对他是不公正的。

国家在个人生活中主张的范围越大,政治对他变得越重要,在种群混居领土创造的摩擦地区就越大。像自由主义所寻求的,把国家权力限制到最小程度,会在很大程度上弱化在同一领土上共同生活的不同民族间的敌意。唯一真正的民族自决就是个人对国家和 80 社会的自由。生活和经济的"国家化"必然导致民族斗争。

人员和货物的完全自由流动,对每个人财产和自由最全面的保护,在学校体系中取消所有的国家强制,简言之,最准确和完整地实现 1789 年的理念,这些是和平环境的先决条件。如果战争于是终止了,"那么和平就从事物的内部力量产生出来,那么人民并且真正自由的人民就变得和平了"①。

我们从来没有像今天这样如此远离这一理想。

3. 论德意志民族的民主政治史

(1)普鲁士

尽管自由和自治的现代政治理念几乎在地球上所有其他地方都能够施加影响,但却不能在德意志人民中流行,这一事实是过去一百年历史上最值得注意的现象之一。民主到处能够战胜旧君主专制国家,革命力量到处取得胜利。恰恰只在德国和奥地利(除此之外只在俄国),民主革命被一次又一次打败。当欧洲和美洲的每一个民族在宪法和经济政策方面经历自由主义时代时,在德国和奥

---

① 参见 W. Humboldt, *Ideen zu einem Versuch, die Grenzen der Wirksamkeit des Staats zu bestimmen*, edition of the "Deutsche Bibliothek," Berlin, p. 66。

地利，自由主义仅取得轻微的成功。在政治领域，以腓特烈大帝的普鲁士宪法为最纯粹代表的旧君主专制国家，确实不得不做出一些让步，但是这还远不能使其转型为英国和意大利那种君主立宪制。作为19世纪伟大政治运动的结果，威权主义国家在这里出现了。

81　　我们看到，民主国家在20世纪初期几乎到处得以实现。民主国家依托于统治者和被统治者一致，国家和人民一致。在一个民主国家，政府不可能违背大多数人民的意志，政府和被治理者、国家和人民是一体的。而在威权主义国家则不是这样。这里，一边是"国家保留成分"，仅仅把它们自身视为国家；政府从它们中产生，并把自己与它们视为一体。在另一边是人民，是政府行为的客体而不是主体，有时祈求国家，有时要求国家，但是从来不把自己与国家视为一体。这种对立在前奥地利议会语言"国家必需品"与"人民必需品"的对比中得到最有力的表达。前者被认为包括国家从财政预算支出中得到什么，后者被认为包括人民从财政预算支出中得到什么，代表们费力地通过牺牲给予人民的必需品——有时是单个政治党派或单个代表的必需品——而给予国家必需品，从而得到回报。对于英国或法国政治家来说，这些对比可能永远不会变得可以理解。他们不能理解有些事情怎么对国家来说是必需的而同时对人民不是必需的，反之也是。

　　作为威权主义国家特征的威权当局和人民的对立，与作为君主专制国家特征的君主和人民的对立并不相同，与旧等级制度中君主和各等级的对比更少一些一致。然而，从它们与政府和人民根本一致的现代民主国家的对比看，所有这些二元的国家形式的确具有共同的特征。

不乏有人试图解释德国历史这种特殊性的起源和基础。有些作家轻描淡写地处理这一问题，他们相信他们把威权主义国家理解为特殊类型德国精神的发扬者是正确的，寻求把民主的民族国家描述为"非德意志的"，不适合德意志的精神。[①] 然后，又有人提出德国的特殊政治处境作为解释。像德国这种生存受到外敌威胁的国家，在国内应该不可能容忍自由导向的宪法。"政府机构可以允许的政治自由措施，必须理性地与国家边界所承受的军事-政治压力成反比。"[②] 政治处境和一个民族的宪法之间一定存在紧密的联系，这一点应干脆痛快地承认。但是，引人注目的是，这只是努力用外部政治处境来解释宪法条件，而没有用国内政治处境来解释。下文将遵循相反的程序。应该试图用国内政治条件，即在多语言领土的普鲁士和奥地利的德意志人的处境，来解释已经有很多讨论的德国宪法生活的特殊性。

当德国君主的臣民们开始从他们数个世纪之久的政治麻木中觉醒时，他们发现自己的祖国被撕成了碎片，分裂为散在许多家族的世袭贵族，他们对外的虚弱不过被他们无情的对内的残暴勉强掩盖。仅有两个地方君主强大到能够自立。然而，他们的权力手段不是依靠他们在德意志的地位，而是依靠他们在德意志之外的财富。对于奥地利，这一点毋庸置疑。对于普鲁士，是另外一种情况。人

---

① 马克斯·韦伯（Max Weber）在 *Parlament und Regierung im neugeordneten Deutschland* (Munich: 1918)中对这些理论提供了一个毁灭性的批评。

② 参见辛采（Hintze）在集体作品 *Deutschland und der Weltkrieg* (Leipzig: 1915), p. 6 中的论述。对这些观点的一个尖锐批评，依赖英国历史学家西利的一个主张，见 Preuss, *Obrigkeitsstaat und grossdeutscher Gedanke* (Jena: 1916), pp. 7 ff.。

们常常忽略这样的事实，普鲁士在德意志和欧洲的地位总是不安全的，直到霍亨索伦王朝成功缔造了一大块连续的国家领土——首先通过吞并西里西亚（当时该地是半斯拉夫化的），接着获得了波兹南和西普鲁士。准确地说，普鲁士的权力所依靠的功绩——参与对拿破仑体系的胜利、镇压 1848 年革命，以及 1866 年战争——如果没有其东部各省的非德意志臣民就不会完成。甚至在其非德意志臣民的帮助下通过 1813—1866 年的斗争取得的德意志土地，也绝没有把普鲁士国家的重心从东部转移到西部。仍像以前那样，不放松控制其易北河以东的领地，是普鲁士生存的前提。

83　　　德意志人的头脑在公共生活方面成熟得很缓慢，政治思维在德意志土地上的任何国家都无法形成。德意志爱国者在眼前看到的只是帝国昔日辉煌的遗迹，以及德意志小君主们丢脸和懒散的治理。通往德意志国家的道路需要推翻这些小独裁者。所有人都同意这一点。然而，怎么对待两个德意志大国？

　　通过与意大利的对比可以最好地认识到该问题的内在困难。意大利的情况与德意志相似。阻碍现代民族国家建立的是无数小君主和大国奥地利。意大利人可以迅速消灭前者，但是消灭后者——靠他们自己——永远也无法完成。奥地利不仅直接牢牢掌控一大块意大利领土，还保护剩余意大利领土上各个君主的主权。没有奥地利的干预，约阿希姆·缪拉或佩佩将军可能早就建立起一个意大利民族国家。但是，意大利人不得不等待，直到奥地利与其他大国的关系给他们提供一个达到他们目的的机会。意大利的自由和统一离不开法国和普鲁士的帮助，某种意义上还有英国的帮助；把特伦蒂诺与意大利王国统一起来则要求整个世界的帮助。在他们与奥地利的战斗中，意大利人自己则没有一次取得胜利。

德意志的情况有所不同。德意志人民怎么去成功推翻奥地利和普鲁士这两个军事上强大的君主国？外国帮助，像给予意大利那样，不能指望。最自然的过程可能本应该是，德意志民族思想在普鲁士和奥地利的德意志人中取得很大力量，他们争取一个统一的德国。如果在普鲁士军队中占绝大多数、在奥地利军队中代表最重要成分的德意志人，像1849年马扎尔人证明自己是马扎尔人那样，证明自己是真正的德国人，那么在1848年革命的混乱中就会产生一个从贝尔特海峡到阿迪杰河的自由和统一的德意志国。奥地利和普鲁士军队里的非德意志成分几乎不能对整个德意志人民的进攻做成功的抵抗。

然而，奥地利和普鲁士的德意志人也是德意志争取统一的反对者或至少仅是有限的支持者——这是关键所在。人们在圣保罗教堂的努力*遭遇失败，非如传言所说，是由于教条主义、理想主义及忽略人情世故的学究气，而是因为这一事实：多数德意志人并非全心全意支持德意志民族事业。他们想要的不是单独的德意志国家，而是同时还要奥地利或普鲁士国家——这还且不说那些实际上把自己仅仅看作奥地利人或普鲁士人，一点儿也不是德意志人的人。

我们有些人今天习惯于在易北河东部的保守派和阿尔卑斯山牧师身上看到纯正的普鲁士人和纯正的奥地利人，我们有些人在被普鲁士和奥地利吸引时，总是只看到民族国家敌人的借口——我们

84

---

　　*　圣保罗教堂是法兰克福议会所在地，该议会的自由民主派寻求统一德国及奥地利的德语区。——英文版编者注

仅为难地承认，当时黑黄和黑白*爱国者不过只是出于善良的愿望。这不仅对那些其光荣奋斗不应受到怀疑的人严重不公，这种历史眼光的缺乏也阻碍我们知道德国历史上最重要的事件。

每一个德意志人都知道歌德《诗与真》中的一篇，年老的诗人描绘了腓特烈大帝在他同辈人中的深刻印象。[1]普鲁士宫廷史官所称赞的实现了所有乌托邦的霍亨索伦王朝的国家，一点儿也不比其他德意志国家好。腓特烈·威廉一世和腓特烈二世与符腾堡或黑森领主一样可憎。但是，有一件事使勃兰登堡-普鲁士与其他德意志领土区别开：这个国家不是荒谬可笑的，它的政策是有目的的、稳定的，以及追求权力的。这个国家可能会被憎恨，可能会被畏惧，但是它不能被忽略。

这样，如果甚至非普鲁士德意志人的政治思想秘密地偏向使普鲁士摆脱狭隘的政治存在，如果甚至外国人判断这个国家不是完全地令人不快，那么普鲁士各省政治思想的苗头更贴近普鲁士国家而不是德意志国家的梦想，还会让人奇怪吗？普鲁士虽然有各种错误，仍有实际存在的好处，而梦想则每天被神圣罗马帝国的不幸所撕碎。这样，一个普鲁士版的国家意识在普鲁士形成了。并且，这些感情不仅被普鲁士国家机器的付薪拥护者及受益者所分享，而且无疑被瓦尔德克[2]和千千万万像他这样具有民主情操的人所分享。

---

 * 黑白是指历史上的普鲁士，黑黄是指历史上的奥地利，1867年奥匈帝国成立后，人们也用黑黄来表示奥匈帝国的奥地利部分。这些颜色是历史上这些国家国旗的颜色。——中文版译者注

 [1] 梅林（Mehring）所做的批评（*Die Lessing-Legende*, third edition [Stuttgart: 1909], pp. 12 ff.）并没有削弱该篇作为证明老年歌德观点的力量。

 [2] 参见 Oppenheim, *Benedikt Franz Leo Waldek* (Berlin: 1880), pp. 41 ff.。

把德意志问题很狭隘地描述为大德意志和小德意志的对立，是很常见的。实际上这个问题更大更宽泛。首先，德意志民族感情在一边、奥地利和普鲁士的国家意识在另一边的分歧在扩大。

德意志统一国家会建立在德意志国家的废墟上，因此任何想要建立它的人首先必须根除努力保持普鲁士和奥地利国家的感情。在1848年3月，这似乎很容易做到。当时可以期望，即使或许会有内部斗争，面临抉择的普鲁士和奥地利的民主主义者会加入大一统的德意志一方。然而，在这两个大德意志国家，人们刚刚开始认为民主是可能的，它就被击败了。民主的影响在维也纳和柏林持续了没有几周，然后威权主义国家就开始把缰绳收紧了。原因是什么？转变来得十分迅速。就在民主于3月取得完全胜利之后，新精神的力量开始崩溃。经过短暂的时期，普鲁士军队在普鲁士国王的率领下已经能够对革命者发起进攻，仅在不久前普鲁士国王还逃离了这个国家。

一般认为，普鲁士东部各省的立场在这里是决定性的。[①] 如果牢记这一点，就不难清楚理解转变的原因。在东部，讲外语的人口在数量上处于优势，德意志人是处于他们中间的少数。在这里，德意志人害怕实施和应用民主原则会使他们失去目前拥有的统治地位。他们会成为永远不要指望获得权力的少数，他们会不得不品尝缺少政治权利的滋味，而这是少数民族的命运。

86

普鲁士各省、波兹南和西里西亚等地的德意志人不期望从民主中得到什么好处。然而，这基本上决定了普鲁士德意志人的立场，

---

① 参见 Bismack, *Gedanken und Erinnerungen* (Stuttgart: 1898), vol. 1, p. 56。

因为多语言地区的德意志人相比他们的数量具有更大的政治重要性。毕竟，这些德意志人包括这些省份较高阶层人口的几乎所有成员——官员、教师、商人、地主、大企业家。因此在普鲁士德意志人的上层，受威胁的边境地区的成员构成了很大部分，远超德意志边境居民在普鲁士德意志总人口中的部分。边境地区的重要居民加入了支持国家的派别，从而使他们占据了优势。德意志国家的想法不能赢得普鲁士的非德意志臣民，并且它的德意志臣民害怕德意志实现民主。这就是民主思想在德意志的悲剧。

这里存在着德意志民族特殊政治智慧构成的根源。正是边境地区德意志人受威胁的处境，导致德意志民主理想迅速退却，以及普鲁士臣民经过短暂的革命蜜月悔悟地转向军事国家。他们现在知道在民主中前方等待他们的是什么。不论他们多么鄙视波茨坦的专制，如果他们不想被波兰人和立陶宛人统治，他们就不得不向它鞠躬。从那时起，他们就是这个威权主义国家的忠实护卫。在他们的帮助下，普鲁士军事国家战胜了自由的人们。普鲁士所有的政治问题现在唯一地决定于东部的立场。正是它决定了普鲁士的自由主义者在宪法冲突中的虚弱地位。正是它导致普鲁士寻求俄国的友谊——只要还能够这么做，从而挫败了与英国的天然同盟。

当前，普鲁士威权主义国家要使用它获得和保持其在德意志的地位的方法，来解决更大的德意志民族问题。容克地主的武器在德意志取得了胜利。他们粉碎了德意志的资产阶级。他们排斥了哈布斯堡的影响，把霍亨索伦王朝提高到中小君主之上。普鲁士的军事力量镇压了普鲁士东部斯拉夫各省、北石勒苏益格、阿尔萨斯-洛林的非德意志成分。三场战争的辉煌胜利使普鲁士军国主义光芒四射。当它使用权力粉碎了前进道路上试图阻止它的一切事物时，它相信应该用武力解决所有新出现的问题。通过武器的力量，处于困境的哈布斯堡王朝和在多瑙河君主国的德意志人应该得以维持，在东方、西方和海外的征服应该得以进行。

自由主义的国家理论早就揭露了这一推理的错误。权力政治的理论家和实践者本该记住休谟的著名论点：所有的统治依赖对头脑的控制，政府总是少数人，能够治理多数只是因为多数或者相信统治者的合法性，或者认为他们的统治能够满足自己的利益。[①]那么他们不应该忽视这一事实，甚至在德国，德意志威权主义国家归根结底也不依赖刺刀的力量，而恰恰依赖德意志人头脑的特殊倾向，这由德意志人在东部的民族居住条件所导致。他们不应该在这一事实上欺骗自己，即德意志自由主义的失败唯一归因于德意志东部的居住条件——在那里实行民主会导致驱逐德意志人并剥夺他们的权利，因此一种反民主潮流的倾向在更广泛的德意志人圈子中产生出来。他们会不得不承认，像任何其他国家一样，甚至德意志威权主义国家也并不依赖武器的胜利，而是依赖精神的胜利，依赖王朝-威权主义感情对自由主义感情的胜利。这些关系不会受到比政治现实主义德国学派更大的误读了，他们否认国家生活中每一个知识潮流的影响，想把所有事情回溯到"真实权力关系"。当俾斯麦说他的成功仅仅依赖普鲁士军队的力量，对圣保罗教堂的理想只有轻蔑和嘲笑时，他忽略了普鲁士国家的权力也是基于理想的事实，

---

①　参见 Hume, *Of the First Pinciples of Goverment* (Esscogs, edited by Frowde) pp. 29 ff.。

尽管是相反的理想，也忽略了如果自由主义思想在普鲁士军队中得
到比实际更深入的传播，普鲁士国家的理想就会立即坍塌。一些圈
子的人急于努力使"道德败坏的现代精神"远离军队在这方面有更
好的理解。

普鲁士威权主义国家不可能击败这个世界。这种胜利只能由
绝望地作为少数的民族通过思想、公共舆论取得，但永远不可能通
过武器取得。但是，德国威权主义国家充满了对新闻和所有"文
学"的无限轻视，嘲笑思想作为斗争的工具。然而，其对手对民主
思想进行了宣传。直到战争中期，已经太晚的时候，它才认识到这
一宣传在德国蕴含着什么力量，它使用刀剑与精神搏斗是如何徒劳
无用。

如果德国人民认为地球上居住领土的分配是不公正的，那么他
们本可以寻求转变世界的公共舆论——公共舆论原来没有看到这种
分配的不公正。这是否可能是另外的问题。找到为此而奋斗的同
盟者并不是完全没有可能；与他们紧密联合，或许本来可以得到一
切。然而，可以肯定的是，一个8000万的民族与其余整个世界对
抗是没有希望的，除非它用知识的手段追求这一目标。只有使用精
神而不是武器，少数才可以战胜多数。真正的实践政治，只是知道
怎样利用思想为其服务的那种实践政治。

(2)奥地利

对历史的目的论解释认为，所有历史事件都是以实现为人类发
展设定的明确目标的形式而出现的，该目的论解释为哈布斯堡王朝
的多瑙河国家委派了许多种类的任务，四百年来这维持了其在欧洲
大国中的地位。当前，它应该是西方对抗伊斯兰教威胁的盾牌，天

主教反对异端的大本营和避难所；其他人视之为对保守主义因素的总体上的支持者，还有人将它看作以多姿多彩的民族性为特点的国家，通过作为楷模去促进民族间的和平。[①] 可以看到，这些任务是各式各样的，根据政治事件的情况，人们时而欣赏这种解释，时而喜欢那种解释。然而，历史有自己的轨迹，不考虑这些怪想。君主和人民很少操心历史哲学赋予他们什么使命。 89

　　因果关系历史编纂学并不寻找民族和国家必须实现的"使命"或"思想"，它寻求民族或民族各部分形成国家的政治概念。在中世纪最后几百年和现代时期最初几百年，作为几乎所有国家结构基础的政治概念是君主的统治权（dominion）。国家存在是为了国王及其家庭。对于从作为德国皇帝称作一世的斐迪南到作为奥地利皇帝唯一使用该名字的斐迪南的奥地利哈布斯堡王朝国家是这样，对于当时所有其他国家也是这样。在这个方面，奥地利国家与当时的其他国家没有不同。利奥波德一世的世袭土地与路易十四或彼得大帝的国家根本上没有什么不同。但是，随后另一个时代来临了。君主专制国家在自由运动的攻击下垮塌了，取而代之的是自由民族国家。民族性原则承担起凝聚国家的作用，成为国家的观念。不是所有国家都可以不改变它们的地理范围就参与这一发展，许多不得不屈服于领土的变化。然而，对于多瑙河君主国来说，民族性原则实际上意味着对其存在合法性的否定。

　　有远见的意大利爱国者早在1815年就宣判了哈布斯堡-洛林

---

① 塞佩尔（Seipel）给出了一个人们寻求赋予奥地利的各种任务的概要，参见前引塞佩尔著作，第18页及其后。

王朝国家的死刑，至迟1848年在构成帝国的各族人民中都有人同
意这一观点，再经过超过一代人的时间人们可以肯定地说，这个君
主国所有思考的年轻人——或许除了在天主教学校接受教育的部分
阿尔卑斯德意志人——都敌视这个国家。这个国家所有的非德意志
人都渴望着给他们带来自由和他们自己的民族国家的那一天。他
们努力摆脱这个"通过婚姻结合在一起的"国家。他们中的许多人
做了妥协。他们睁开眼睛观察欧洲和世界的实际情况如何，他们对
实现自己理想的道路上一开始就存在的障碍不抱幻想，他们因此同
时准备缓和他们的要求。他们甘心忍受奥地利和匈牙利国家的暂
时延续，实际上更进一步，他们在自己的游戏中利用这个双君主国
作为筹码。波兰人、南部斯拉夫人、乌克兰人，某种意义上也包括
捷克人，寻求利用这个伟大国家的影响力服务于他们自己的目的。
浅薄的批评家会根据这些事实认为，这些民族对奥地利的存在做了
让步，他们甚至期望它的存在。没有比这种观点错得更离谱的了。
民族统一主义*从来没有从任何非德意志党派的纲领中真正消失。在
维也纳官场，人们不公开显示他们民族奋斗的最终目标是可以接受
的，但是在国内，除了形式上注意刑法中叛国罪条文的限制外，人
民所想和所说的都是解放和摆脱外国王朝的枷锁。捷克人和波兰
人大臣，甚至无数的南部斯拉夫人将军，从来没有忘记他们是被征
服人民的子孙，他们感到自己在朝廷的位置就是脱离这个国家的自
由运动的领跑者。

---

　　*　一个民族团体与同一民族的其他团体联合或重新统一的愿望。——英文版编者
注

只有德意志人对哈布斯堡王朝国家持有不同立场。确实，在奥地利也有德意志民族统一主义，即使人们不把节日庆典、学生集会和集中投票中对霍亨索伦王朝和俾斯麦的每一个欢呼在这个意义上解释。但是尽管奥地利政府在帝国存在的最后四十年里，除了短时期的例外，或多或少地是反德意志的，并常常严酷打击相对无害的德意志民族感情表达行为，而远为尖锐的其他民族性言语和行动则享受仁慈的容忍，但国家支持的德意志人的党派总是占上风。在帝国最后的日子里，德意志人感到自己是国家思想的真正拥护者，一个德意志国家的公民。这是一个错觉吗？这是政治不成熟吗？

可以肯定，大部分甚至绝大部分奥地利的德意志人过去是今天仍是政治上落后的。但是，这种解释不能让我们满意。我们只是对德意志人先天政治低等的假设不满，我们寻求使德意志人政治上追随罗塞尼亚人和塞尔维亚人的准确原因。我们问自己这是怎么发生的：居住在帝国的所有其他民族容易接受自由和民族独立的现代思想，但是，德意志奥地利人把自己与哈布斯堡王朝国家那么紧密地视为一体，为了它的延续，他们最终准备遭受一场超过四年的战争给他们带来的财物和生命的巨大牺牲。

正是德意志作家提出理论认为，不像民族性原则所误导的学说宣称的那样，奥匈帝国不是人造的结构，而是一个自然地理单位。这种武断的解释当然无须专门反驳。用这种方法人们可以同样很好地证明匈牙利和波希米亚也必须形成一个国家，以此作为反对。什么是地理单位？什么是"自然"边界？没人能够回答。用这种方法，拿破仑一世曾经主张法国对荷兰的主权，因为荷兰是法国各条河流的冲积层。用同样的方法，在意大利人争取统一之前，奥地利作家为奥地利对北意大利低地的权利寻求支持。[①]另外一种解释就是国家作为一块经济领土，尤其是伦纳主张这一观点，此外，他也考虑国家正当性的地理解释。在伦纳看来，国家就是一个"经济共同体"，一块"有组织的经济领土"。

统一的经济领土不应该被撕裂开，这样，想要破坏奥匈帝国领土的连续存在是愚蠢的。[②]但是，这种统一的经济领土是奥地利的非德意志人民不想要的，他们也不想让自己受到伦纳观点的影响。为什么是德意志人，准确地说是奥地利德意志人，创造了这些证明这个国家必要性的学说，并且有时甚至认为它们是正确的？

德意志人总是多少有些关心奥地利，尽管这个国家根本就不是一个德意志国家。当这么做适合它时，它就压迫德意志人，就像对待它的其他民族一样，甚至更狠——我们必须使用解释保守主义和军国主义普鲁士-德意志政治精神发展的同一原则来试图理解这种现象。

奥地利德意志人的政治思维受德意志人和奥地利国的双重定位之苦。反宗教改革曾使他们陷入数世纪之久的长眠，在他们从中觉醒，并且在18世纪下半叶开始小心翼翼地介入公共问题时，奥地利德意志人也转向了帝国思想，甚至在1848年3月之前，许多大胆的人梦想着一个统一的德意志国家。但是，他们从来没有使自

---

①　今天，捷克人应用这一理论为吞并德意志波希米亚辩护。

②　参见 Renner, *Österreichs Erneuerung: Marximus, Krieg und Internationale* (Stuttgart: 1917)；也请参见 Mises, "Vom Ziel der Handelspolitik," loc. cit., pp. 579 ff.（在写作本书期间，我只能看到 *Österreichs Erneuerung* 的第一卷）；更多内容请参见 Emil Lederer, "Zeitgemässe Wandlungen der sozialistischen Idee und Theorie," *Archiv für Sozialwissenschaft*, vol. 45, 1918/1919, pp. 261 ff.。

己弄清楚的是，他们必须在做德国人和奥地利人之间做出选择，他们不能同时既想要做德国人又想要奥地利国。他们没有而且也不会明白，只有首先摧毁奥地利才可能有一个自由的德国，奥地利只有从这个德意志帝国抽出部分最优秀的子女它才能够持续。他们不明白，他们寻求的目标是不兼容的，他们想要的东西是荒唐的。他们一点儿没有意识到自己的半心半意，这种半心半意导致了他们的政策完全是可怜的摇摆不定，这种半心半意造成了他们所从事的一切事情的失败。

自从克尼格雷茨之后，在北德意志，怀疑奥地利德意志人的德意志感情成为一种时尚。由于人们直接把德意志人和帝国德意志人等同，而且根据一般流行的国家主义思维方式，也认为所有的奥地利人与维也纳朝廷的政策是一致的，因此不难找到这种解释的基础。虽然如此，它是完全错误的。奥地利德意志人永远不会忘记他们的民族特征，即使在波希米亚战役失败之后的最初几年，他们也没有一分钟感到不属于黑黄边防哨所另一边的整个德意志。他们是德意志人并且也想一直都是，他们最不应该被那些使德意志思想从属于普鲁士的人指责为同时想做奥地利人。

然而，同样错误的是在奥地利朝廷传播的这种观点：奥地利德意志人对他们的奥地利主义是不认真的。天主教导向的历史学家悲痛地哀悼旧奥地利的衰落，那个从斐迪南二世直到1848年3月革命爆发的奥地利君主国，是天主教教义和欧洲国家的正统主义思想的保护人。他们完全不理解从卢梭以来的所有思想和著述，他们厌恶法国大革命以来世界上发生的所有政治变化，这使得他们相信，如果"犹太人和共济会"没有导致旧哈布斯堡王朝国家毁灭的话，这个受人尊敬的国家还会持续存在。他们的全部怨恨针对着奥地利德意志人，其中首先是德意志自由党，他们把旧帝国衰落的责任归咎于它。他们看到奥地利国家是如何一步步从内部分裂，他们恰恰把罪责倾倒在那些唯一拥护奥地利国家思想的人，那些唯一肯定这个国家的人，那些唯一想要它的人身上。

从现代自由思想跨过梅特涅和塞德尼茨基忧心忡忡看护的奥地利边界的那一刻起，旧哈布斯堡家族国家灭亡的结局就注定了。它没有早在1848年分裂，它又维持了七十多年——这只是奥地利德意志人的奥地利国家思想的作用，这只是德意志自由派的工作，准确地说是那些比所有其他人更被朝廷憎恨和迫害的人，被憎恨程度甚至超过那些公开威胁和反对国家延续的人。

奥地利德意志人的奥地利政治思想的物质基础是德意志人散布在整个哈布斯堡土地上的德意志定居点。作为数世纪殖民化的结果，在奥地利和匈牙利，城市资产阶级和城市知识分子到处都是德意志人，大土地所有权很大部分德意志化了，到处都是德意志农民的定居点，甚至在外语领土中间也是如此。全部奥地利外观上打上了德意志人的印记，德语教育和德语文学到处可见。在帝国各个地方，德意志人代表着小资产阶级、工人、农民，尽管在许多地方，特别是在西里西亚、匈牙利的许多地方和海边领土，德意志人是中下层人民中极其少的少数。但是在整个帝国（北意大利除外），德意志人在受教育者和高层人数中的比例是相当可观的，而那些本身不是德意志人并且不想承认属于德意志民族的受过教育和富有的资产阶级，也说着德语、读着德语，并且至少外观上表现得像德意志人。最强烈地感到维也纳政府的暴政令人无法忍受、似乎单独能够代替朝廷进行治理的那部分奥地利人，是上层中产阶级和自由的专业界人士及受教育者——正是一般被称为资产阶级和知识分子的那些阶层。但是他们在整个帝国至少在属于德意志联邦的土地上是德意志人。这样，奥地利无疑不是德意志的，但是政治上它有一副德意志面孔。每一位对公共事务有任何兴趣的奥地利人必须掌握德语。然而，对于帝国内的捷克人和斯洛文尼亚人来说，教育和社会地位上升只能通过德意志特征（Germanness）获得。他们仍然没有自己的文学作品，这使他们还离不开德语文学的瑰宝。地位上升的任何人都变成德意志人，因为高等阶层的成员恰恰都是德意志人。

德意志人看到了这一点，并且认为只能这样。他们远不想强迫所有非德意志人德意志化，但是他们认为这会自动进行。他们相信，每一个捷克人和南部斯拉夫人会凭自己的兴趣尝试采纳德意志文化。他们相信，对于斯拉夫人来说获得文化的途径就是德意志特征，而社会地位上升则与德意志化捆绑在一起，事情会一直这样。他们根本就没有想过，这些民族也会发展独立的文化和独立的文学，在他们中间也能够产生独立的民族特征。这样，他们中间就产生了天真的想法，认为所有的奥地利人政治上和他们所思所想完全一致，所有人都一定具有和他们一样的伟大、强盛、统一的奥地利国家的理想，而这个国家只有德意志的印记。

这些就是奥地利德意志人进入革命时具有的政治思想。他们经历的失望是突然和痛苦的。

今天，当我们回顾过去七十年的发展，可以很容易地说在新的情况下德意志人本应该采取什么立场，很容易看出他们为什么能够或者为什么本应该做得更好。今天，人们可以清楚地指出，如果奥地利的德意志民族在 1848 年就采取了他们在 1918 年一定会属于自己的纲领，他们会过得不知好到哪里去。如果 1848 年奥地利分裂为民族独立国家的话，德意志人民分得的份额必然会远大于 1918 年世界大战惨败后它获得的部分。当时是什么阻止了德意志人在德意志和非德意志之间做清晰分离？为什么他们自己不提出这个建议，而又为什么当斯拉夫人提出时他们拒绝了它？

　　前面已经提到德意志人当时持有的普遍观点是，斯拉夫人的德意志化只是个时间问题，它的发生不需要外部强制，而是发展的必然。甚至仅仅这个解释就肯定会影响在民族性问题上的立场选择。然而这次，决定性的因素是不同的。决定性的因素是德意志人不能而且也不想放弃散布在其他民族定居领土上的民族少数。他们在斯拉夫领土上到处都有同胞兄弟生活，所有城市或者全部或者至少大部分是德意志人。当然，只是整个奥地利德意志人的一小部分想以这种方式放弃。但是，这些飞地上的人口和奥地利所有剩余的德意志人在数量上的比例，不能表示他们从而会遭受的重大损失。这些飞地上的人民构成民族高层的最大部分。因此，放弃他们意味着远比数量所示重大得多的损失。放弃他们意味着放弃奥地利德意志人最精华的部分，意味着牺牲布拉格大学和布拉格、布尔诺、皮尔森、布杰约维采、奥洛莫乌茨、的里雅斯特、卢布尔雅那、伦贝格、切尔诺维茨、佩斯、布拉迪斯拉发、蒂米什瓦拉等城市的商人和工厂主，他们对奥地利来说非常重要。放弃他们意味着抹去数个世纪的殖民工作，意味着在广大帝国的各个部分放弃德意志农民，听任军官和官员被剥夺权利。

　　人们现在理解了奥地利德意志人的悲剧性处境。洋溢着大胆、挑战的反叛精神，德意志人起而打碎专制主义，把政府接管到自己手中，他们想从王朝的世袭等级中创造出一个自由伟大的奥地利。而后，他们不得不立刻认识到，绝大多数人民一点儿也不渴望他们的自由德意志奥地利，人们更喜欢做哈布斯堡王朝的臣民，而不是一个带有德意志印记的奥地利的公民。他们惊慌地发现，实现民主原则必定会导致这个帝国的解体，毕竟，他们是知识上的主导因素，并希望继续成为主导因素。他们不得不认识到，民主注定会剥夺斯拉夫人占绝对多数领土上的德意志公民的政治权利。他们不得不认识到，布拉格和布尔诺的德意志人的处境实际上是，哈布斯堡王朝的权杖被收走了，一个议会形式的政府建立起来，但是他们不仅不能赢得任何事情，而且失去的更多。在君主的官员的专制之下，他们还可以作为德意志人生活，尽管他们可能也是臣民，但他们还是与其他臣民一样享受同样权利的臣民。但是，在一个自由的国家，他们会变为二等公民，因为其他人，那些他们不理解其语言、其思想路线对他们来说是陌生的、他们对其政治毫无影响的外国人，会收获他们争取自由的果实。他们认识到，他们没有反对王权的力量，因为王权总是能够号召人民反对他们，而他们的声音不能渗透到人民那里。当斯拉夫兵团制服了起义的德意志公民和学生时，他们认识到无望摆脱压制他们的枷锁，并不得不为此而感到痛苦。然而，同时他们认识到，反动的旧奥地利的胜利比自由导向的新国家的胜利对他们来说更受欢迎，因为在哈布斯堡王朝的权杖下他们仍然可以作为德意志人生活，然而在斯拉夫人的支配下，等待他们的只有政治死亡。

　　1848 年 3 月革命最初喜悦的几天之后，几乎没有一个民族比

96

奥地利德意志人发现自己处于一个更加困难的政治地步。他们的自由德意志奥地利的梦想突然化为泡影。鉴于他们的民族同志分散于外族定居领土，他们不可能希望奥地利解体为民族国家，他们不得不希望这个国家继续存在，这样除了支持这个威权主义国家外他们就别无选择了。然而，哈布斯堡王朝及其支持者并不希望与反对教会权利的自由主义者结盟。他们宁愿看到这个国家坍塌，也不想与德意志自由派共享它。他们很快就认识到，奥地利德意志人一定支持这个国家而不管他们是否愿意这样，没有德意志人并且就算是反对德意志人他们也可以毫无危险地在奥地利进行统治，因为德意志人的处境使自己不能形成真正的反对派。他们相应地调整了自己的政策。

因此，对奥地利德意志人来说，每一个简单的政策都变得不可能。他们不会认真地为民主而工作，因为这样会是民族自杀；他们不会放弃奥地利国家，因为不管怎样，奥地利仍然提供保护，反对最极端的压迫。从这种分裂中发展出了分裂的德意志政策。

正如被认为的那样，这种政策的本质是保持民族遗产，即努力阻止散布在外族定居领土上的德意志少数者的逐渐灭绝。从一开始这就是徒劳的，因为这些少数者注定要消亡。

只有农民定居点有可能保持他们的德意志特征，在那里德意志定居者一起生活在半封闭的村庄里。当然，即便在这里，去德意志化过程也在不间断地进行。随着经济不断发展，移民与外族邻居的经济联系也更加活跃，仅此就会消磨他们的特质，使远离主体民族的小殖民点很难保持母语。学校的效果使之雪上加霜；如果不想让孩子们将来的发展太困难的话，在外国土地的德语学校必须把该国语言包括在课程表内。然而，一旦年轻人学习了该国的语言，就开始了适应环境的过程，最终导致完全的同化。不过，在一定存在不断移民的现代经济有机体中，可以确定的是一个既没有来自外部的移民也不流失人口到外部的地点不可能长期存在。在第一种情形下，该地点被外族人所淹没，进一步的后果是，本族人口失去其原来的民族特征；在第二种情形下，剩余人口可以保持原来的民族性，但是出境移民会被民族异化。那些涌现出来的大量农民定居点散布和孤立在哈布斯堡土地上，只有那些发展出现代工业和矿业的定居点被异化而不再具有德意志特征。剩下的那些定居点缺乏外来移民。但是，更优秀、更有能力的人逐渐离开了，他们可能得到了经济上的收获，却失去了他们的民族性。剩余的村庄能够保持它们的民族特征，却常常面临近亲繁殖的问题。 98

总之，散布在斯拉夫土地上的城市中的德意志少数者无可救药地注定会衰落。随着1848年之前的劳役地租制度的取消，移民迁徙也在奥地利开始了。内部移民的规模宏大。成千上万的人从乡下涌入城市和工业中心，移民是斯拉夫人，他们迅速地把德意志人推到少数的地位。[①]

这样，城市里的德意志人看到他们被增长的斯拉夫人大潮包围了。在德意志人居住了数个世纪的老城市中心周围，发展出了一大圈听不到德语的郊区。老城里到处都是德意志印记：学校用德语，德语是城市管理语言，德意志人仍然占据着市政机关。但是日复一

---

① 进入奥地利各个城市的人口迁徙具有显著的斯拉夫特征，这被归因于斯拉夫人的过快增长，关于这种过快增长的原因，参见 Hainisch, *Die Zukunft der Deutschösterreicher* (Vienna: 1892), pp. 68 ff.。

日，它们的数量减少了。首先，德意志小资产阶级消失了。手工艺和贸易的坏日子到来了，而德意志人对这些土地的殖民化就是在它们的良好基础上成长起来的。它们不停地衰退，因为它们不能同工厂工业竞争，而正是那些工业吸引着斯拉夫工人。德意志工匠大师沦落为无产阶级，他们的子女与斯拉夫移民一起进了工厂，通过与他们的新同事接触而成为斯拉夫人。但是，德意志贵族家族的数量也更少了。他们要么不能适应新的形势而变得贫穷，要么逐渐灭绝了。没有补充替代。以前，那些从底层发展起来的人成为德意志人。如今这已不再是事实。富有的斯拉夫人不再以他们的民族特征感到羞耻。如果老的德意志家族对这些暴发户关闭大门，他们就形成一个新的上层斯拉夫社会。

99　　　基于维持这些少数者的政治权力地位，奥地利的德意志政策就这样成为保守反动的政策。然而，每一项保守的政策从一开始就注定会失败，毕竟，它的本质是阻挡某些不可阻挡的事情，是抵制不可能阻碍的发展。它能够得到的顶多是时间，但是这个成功是否对得起付出的成本是有疑问的。每一个反动分子都缺乏独立的智识。如果人们想在这里用一些军事思维的比喻，就像对于德意志所有的政治思想路线常见的那样，那么人们可以说保守主义是防守者，像每一位防守者一样让其对手说出条件，而攻击者向防守者指出行动的条件。

　　奥地利德意志政策的本质就成了尽可能长久地维持失去的地位。在这里争取市政当局的一些管理席位，在那里争取一个商会，再在那里争取储蓄银行或者一份政府工作。小问题膨胀成了大意义。非常糟糕的是，德意志人因此使自己一再错误，比如，他们否决了斯拉夫人建立学校，利用手头的权力工具使组织俱乐部或举行聚会更加困难。但是，更糟糕的是，在这些斗争中他们总是遭受并且注定遭受失败，以致他们习惯于总是撤退和总是被击败。奥地利德意志政策的历史就是一系列不断的失败。

这些状况给德意志人的精神带来毁灭性的打击。人民逐渐习惯于专门从当地重要性的角度来看待每一项措施、每一件政治事务。公共生活的每一项改革，每一项经济措施，每一条公路的建设，每一个工厂的设立，都变成了传承民族特征的问题。可以肯定的是，斯拉夫人也从这一角度看待所有的事情，但是对他们来说，在民族政治特征方面的效果是不同的。因为通过这种思维方式，德意志人变成了反动派，一切变革的敌人，每一项民主制度的反对者。他们在奥地利使斯拉夫人获得了现代欧洲精神斗士的并非货真价实的名声，一次又一次地把支持和保卫过时东西的名声揽在自己身上。所有的经济和文化进步，特别是在奥地利进行的每一项民主改革，注定不利于在多语言领土的德意志少数者。它们因此遭到德意志人的抵制；如果它们最终取胜了，那么这个胜利对德意志人来说是一场失败。

这个政策也剥夺了德意志人反对王权的全部自由。在1848年革命中，奥地利德意志人起而反抗哈布斯堡王朝及其专制统治。但是，把1848年原则作为自己旗帜的德意志自由党，并不处于积极领导反对该王朝和国家的斗争的地位。在多语言地区，它的脚下没有坚实的地面，它依赖政府的喜欢或不喜欢而定。如果政府想消灭它就可以消灭它，而政府也正是这么做的。

哈布斯堡帝国由斐迪南二世建立在各阶层自由和新教的废墟

上。他不仅与波希米亚各阶层战斗，而且与施蒂里恩和奥地利的各阶层战斗。波希米亚反叛者与上下奥地利的反叛者结盟与皇帝战斗，白山之战不仅建立了哈布斯堡王朝对波希米亚、摩拉维亚和西里西亚的绝对统治，也包括对奥地利土地的绝对统治。从一开始，哈布斯堡帝国既不是德意志的也不是捷克的，在1848年它不得不重新为存在而战，捷克和德意志的自由运动同样反对它。19世纪60年代建立虚假的立宪主义之后，朝廷就宁愿更多地依赖斯拉夫人而不是德意志人。多年来，政府与斯拉夫人眉来眼去，反对德意志人，因为对于朝廷来说没有什么比德意志因素更可恨的了——由于在德意志国家中政治地位的丧失，这一因素不可能被原谅。但是朝廷的所有妥协不能使捷克人和南部斯拉夫人与这个威权主义国家一心。在奥地利的所有其他民族中间，民主思想战胜了威权主义思想，威权主义国家与他们长期合作是不可能的。与德意志人的关系是另外一种情况。即使违背他们的意愿，他们也不会与奥地利国家放松关系。当国家召唤他们的时候，他们总是整装待发。在帝国的死亡时刻，德意志人坚定地忠实于哈布斯堡王朝。

奥地利德意志人历史的转折点是《布拉格和约》，该条约把奥地利人逐出了德意志政治事务。现在出现了德意志特征（Germanness）和奥地利特征（Austrianness）可以调和的天真想法。现在好像人们可以在做德国人和做奥地利人之间进行选择。但是奥地利德意志人不想看到这种选择的必要；只要他们还能够做到，他们想同时作为德国人和奥地利人。

奥地利德意志人对1866年的变故感到深深的痛苦，他们一直也没有从这一打击中恢复过来。决定那么快地向他们袭来，战场上事情那么快地发生，他们几乎没有意识到发生了什么。慢慢地他们才理解这意味着什么。德意志祖国抛弃了他们。他们现在不再是德意志人了吗？即使在德意志邦联的废墟上新建的政治结构中没有他们的位置，他们就不是德意志人吗？

没有人比老迈的格里尔帕策更加表现出这种痛苦。他通过奥图卡·冯·霍耐克之口赞扬奥地利为"玫瑰色脸庞"的青年，他让莉布丝公主用朦胧的字句宣告斯拉夫人的伟大未来，[①] 作为一个彻底的奥地利人和一个彻底的德意志人，他用自豪的诗句重新找到了内心的平静：

> 生为德族人，今夕尚是否？
> 我著德文书，他人不可夺。

但是，奥地利德意志人不得不承认德国已经不存在的事实，只有大普鲁士。从那时起，他们不再为德意志帝国境内的德意志人而存在，他们不再为那些人而麻烦自己，每一天的事实都让人们对体育场和射击节日上的美丽言辞失望。大普鲁士的政策是走既定道路，最终挺进到法国马恩河边。它不再关心奥地利的德意志人。从1879年起约束奥匈帝国和德意志帝国的条约，由大普鲁士威权主义政府与奥地利皇帝和匈牙利的马扎尔寡头缔结。准确地说，他们夺走了奥地利德意志人在争取民族统一时能够指望德意志帝国的德意志人帮助的希望。

大德意志思想在克尼格雷茨战役遭到的挫败，首先被如下事

102

---

① "你们这些长久服侍者终将统治。"〔《莉布丝》（*Libussa*），第五幕〕

实所掩盖：恰恰由于战争的不幸结果，德意志自由党短时期内对国家事务获得了一定程度可能有限的影响。几十年来，它可以给政府提供大臣，在这一时期更是不断提供大臣，甚至首相，推动了许多违背王权、封建贵族和教会意愿的重要改革。夸张一些说，这被称为自由党在奥地利的统治。事实上，自由党从来没有在奥地利统治过，它不可能统治。多数人民从来不追随它的旗帜。非德意志人怎么会也加入这个德意志人政党？甚至在它的繁盛期，它在德意志人中也遇到盲目追随教士的阿尔卑斯农民的强烈反对。它在议会下院中的地位不是依赖于大多数人民支持它，而是依赖选举制度——选举制度以一种微妙的方式有利于上层中产阶级和知识分子，但是抑制普通大众的投票权。每一次投票权的扩展，每一次选区或选举方式安排的改变，一定也会伤害它。它是一个民主党派，但是它也害怕民主原则的完全应用。这就是它遭受的最终注定将其毁灭的内部矛盾。它非常必然地产生于其纲领的基本谬误——该纲领寻求调和德意志特征和奥地利特征。

从上面的分析来看，只要在允许的情况下，德意志自由党就可以对政府施加一定的影响。旧奥地利君主国不断遭受的军事和政治失败，迫使朝廷暂时让步。自由主义者是必要的；他们被召唤到各个部委，不是说因为不再能够抵挡他们，而是因为只有他们有望稳定国家金融，进行国防改革。既然没有人知道还可以去哪里，他们就作为奥地利唯一被肯定的政党，被委以重建的任务。当他们不再被需要时，就因失宠而靠边站了。当他们试图抵抗时，他们就被消灭了。

这样，奥地利就放弃了自己。毕竟，德意志自由党是唯一肯定这个国家的政党，真诚地想要这个国家，并言行一致。政府随后依赖的各政党并不想要奥地利。担任大臣职务的波兰人和捷克人作为专家常常是胜任的，甚至有时也会采取有利于奥地利国家和人民的政策。但是，他们所有的思考和努力总是只关注本民族未来的民族计划。他们与奥地利的关系总是只被本民族争取独立的考虑所指导。对他们自己的良心和他们的民族同胞来说，他们部门行政管理的价值只在于他们在民族解放斗争中取得的成功。他们不是因为行政管理得好而得到他们同胞的信任，而是因为他们为民族分裂主义做了很多事情——他们作为国会议员只重视他们同胞的观点。

奥地利威权主义政府的最高职位除了由捷克人、波兰人和偶尔由南部斯拉夫人和德意志人牧师担任外，几乎总是由其唯一的政治目标就是维持该威权主义政府、其唯一的政治手段就是分而治之的官员充任。不时地也有老的自由主义者在其中出现，通常是一位徒然寻求逆流而动的教授，不过最终经过许多次失望之后，他会再次从政治舞台上消失。

王朝的利益与德意志人的利益似乎交汇于它们对民主的厌恶。奥地利德意志人必然害怕通往民主的每一步，因为他们从而会成为少数，受制于外族多数无情的武断统治。德意志自由党认识到了这一事实，转而积极反对所有的民主努力。它因此陷入的与其自由主义纲领的矛盾导致了它的毁灭。是以放弃其纲领的自由导向原则为代价换取奥地利国家可鄙的几十年苟且偷生，还是牺牲在外语领土上的德意志少数者立刻消灭这个国家，面对这样一个不得不做出的历史选择，它无疑做出了错误的选择。它可能为此受到责备。然而最可以确定的是，处于它所处的位置，它是不能自由选择的。它

104 已经不能比在奥地利继承它的德意志党派更多地牺牲（德意志）少数者了。

　　因此，说德意志自由党人是糟糕的政治家，没有比这更不公正的责备了。这个判断一般基于他们在占领波斯尼亚和黑塞哥维那问题上的立场。德意志自由党公开反对哈布斯堡军国主义的帝国主义倾向，经常被用来驳斥它，尤其是俾斯麦经常这样驳斥它。今天，人们会对此做出不同判断。之前德意志自由党遭受责备的问题——它寻求抵制军国主义以及它从一开始就反对最终导致帝国崩溃的膨胀政策——将来会给其带来赞誉而不是责备。

　　在任何情形下，德意志自由党都比所有奥地利其他力量和政党对奥地利国家的生存状况有更深刻的洞见。特别是，这个王朝在加速了帝国的毁灭上做到了极致。它的政策少受理性考虑指导，多是怨恨使然。它因盲目憎恨而迫害德意志自由党，可谓恨之入骨。该王朝总是只想着复辟旧君主专制国家，对它来说，甚至威权主义国家都是一种过于现代的国家组织形式；既然德意志自由派变为反对民主，该王朝就想它可以不时地大力推行民主。这样，它不断地促成违背德意志人意愿的投票权扩展，结果每次都是下议院中的德意志因素退却，非德意志的极端民族因素获得更大的影响。奥地利的代议制政体从而最终崩盘了。随着1896年巴德尼的选举改革，帝国进入了公开的危机状态。除了证明这个国家不可能继续存在外，下议院成为议员们不再追求任何其他目标的地方。任何观察奥地利下议院政党关系的人，肯定会立刻认识到这个国家之所以还能够继续存在，仅仅是因为欧洲外交费尽气力地尽可能长久地推迟战争的危险。在世界大战结束的二十年前，奥地利的国内政治条件已经成熟得超过了坍塌的程度。

在德意志自由派之后的德意志政党，对政治条件的理解要比受到辱骂的德意志自由派浅薄得多。积极反对德意志自由派的德意志民族主义派别，在它们仍然在乎战胜德意志自由派的时候，它们的行为开始时表现得像民主主义者。然而，很快它们一定认识到在奥地利实现民主化就是等同于去德意志化，认识及此后，它们就变得反民主了，就像德意志自由党曾经的变化那样。如果人们忽略那些它们徒劳地寻求掩盖其无价值纲领的慷慨宣传，以及它们的反犹太人倾向（该倾向从维持奥地利的德意志特征的角度来看不得不说是完全自杀性的），那么德意志民族主义者与德意志自由派的区别就真的只在一点上。在《林茨纲领》里，它们放弃了德意志对加利西亚和达尔马提亚的主张，满足于在前德意志邦联的土地上主张德意志精神。然而，在主张这些权利时，它们坚持了德意志自由派犯过的同样错误，即低估了西部奥地利斯拉夫人的发展潜力和未来前景。对于牺牲在外语领土上散布的德意志少数者，它们与德意志自由派同样缺乏决心，所以它们的政策与旧德意志自由派同样地优柔寡断。它们的确比自由派更多地玩弄民族统一主义思想，但是它们头脑里从来没有认真考虑过在德意志的领导和主导之下维持奥地利国家。面对德意志自由派曾经面对的同样选择，它们踏上了自由派在它们之前已经开拓的道路。它们决定维持帝国，反对民主。这样，它们的命运就变得和旧德意志自由派一样了。它们和自由派以同样的方式被王朝利用。王朝对待它们不能再糟糕了，但是知道它可以总是指望它们。

在判断他们的外语同胞公民方面，德意志自由派所犯的最大错误，就是他们把所有的非德意志人只看作进步的敌人，朝廷、教会和封建贵族的盟友。没有什么比出现这种解释更好理解的了。奥地利的非德意志人民也同样厌恶大奥地利和大德意志愿望，他们甚至比包括德意志自由党在内的所有其他人都更早地认识到，奥地利的支撑只存在于德意志自由派的党派联合中。消除德意志自由党因此成为他们最重要和一开始唯一的政策目标。在这么做时，他们寻找所有像他们一样欲置该党于死地的盟友。这样，自由派犯下了使他们代价昂贵的严重错误。在斯拉夫民族反对帝国的战斗中，自由派误解了民主因素。他们把捷克人看作不过是施瓦岑贝格和克拉姆-马提尼克斯的盟友和心甘情愿的仆人。在自由派眼中，斯拉夫运动通过与教会和朝廷结盟进行了妥协。那些在1848年的路障上战斗过的人士怎么能够忘记，德意志资产阶级的反抗曾经被斯拉夫士兵镇压下去？

德意志自由党在民族问题上的错误立场产生于对民族运动的民主内容的这种误解。就像他们并不怀疑光明将最终战胜黑暗，启蒙运动将战胜教权主义一样，他们也不怀疑进步的德意志主义将最终战胜反动的斯拉夫大众。对斯拉夫人要求的每一个妥协，他们看作无异于对教权主义和军国主义的妥协。[1]

德意志人在奥地利政治问题上的立场由历史赋予他们的条件

---

① 要注意的是，马克思和恩格斯也犯了同样的错误。很像奥地利的德意志自由派，他们也看到了没有历史的民族在民族运动中的反动作为，确信随着民主不可避免的胜利，德意志主义将最终战胜这些垂死的民族性。参见 Marx, *Revolution und Kontrerevolution in Deutschland*, German translation by Kautsky, third edition (Stuttgart: 1913), pp. 61 ff.; Engels (Mehring, loc. cit.), pp. 246 ff. 同时参见 Bauer, "Nationalitätenfrage," loc. cit., pp. 271 ff.。

的力量所决定，这通过奥地利社会民主党的民族性纲领的发展得到最好的展示。社会民主党首先在奥地利的德意志人中赢得基础，在很长时间里它都只不过是一个德意志政党，有少数其他民族的知识分子过客。这时，由于选举制度，它几乎不可能在议会中扮演重要角色，它可以认为自己没有卷入民族斗争。它认为，所有的民族争吵不过是资产阶级的内部关切。在至关重要的奥地利的德意志精神问题上，它的立场也不过是德意志帝国的兄弟政党对容克、民族自由派甚至泛德意志的对外政策的立场。如果这些进行民族争斗的德意志政党，比如德意志牧师和基督教社会党，指责它由于其行为伤害了自己的人民，那么这在当时是完全合理的，即使这种伤害的程度很轻微（这恰恰因为社会民主党在当时的政治重要性也很轻微）。然而，社会民主党在奥地利的重要性越大（它得以发展首先是因为在奥地利的条件下，社会民主党是奥地利德意志人中唯一的民主党派），它就越必然承担奥地利的每一个德意志党派在民族问题上的责任。它开始成为德意志民族主义者，然后，它并不比奥地利两个更老的德意志政党更有办法，来应对把德意志精神和民主对立起来的奥地利环境。就像德意志自由党最终不得不抛弃民主原则（因为遵循它们注定会导致伤害奥地利的德意志精神）一样，就像德意志民族主义党所做的一样，如果历史没有预先阻止它，并在形势变化完成前就粉碎了奥地利国家，社会民主党也会不得不这么做。

107

  在一系列仅有学术价值的纲领性声明被现实压倒之后，社会民主党最先尝试提出民族自治纲领。[①]

  毫无疑问，这个纲领比《林茨纲领》对民族性问题有更深刻的

---

  ① 参见 Marx, *Revolution und Kontrerevolution in Deutschland*, pp. 42 ff.。

把握，尽管奥地利德意志人精英当时也在《林茨纲领》上进行了合作。在这两个纲领颁布中间的几十年发生了许多事情，注定也使奥地利德意志人开了眼界。但是同样，他们也不能逃脱历史必然给他们施加的限制。民族自治纲领即使谈到了民主和自我治理，也基本上不过是德意志自由派和德意志民族主义者的民族性纲领本质上的内容，即一个将奥地利国家从哈布斯堡-洛林家族对帝国和皇家世袭土地的支配中解救出来的纲领。它宣称比那些较老的纲领现代得多，但是它本质上没有别的东西。人们甚至不能说它比较早的那些更民主，因为民主是一个绝对的概念，不是一个程度的概念。

民族自治纲领与较老的德意志民族纲领之间最重要的不同就是，它感到有必要为奥地利国家存在的合理性辩护，并证明这种存在的必要——不仅要从王朝的立场、德意志人的立场出发，还要从其他民族的立场出发。此外，它自己不满于那些所谓的黑黄作家常用的华丽词句，比如引用帕拉茨基的格言：如果奥地利原来并不存在的话，人们就不得不把它创造出来。但是这种特别是由伦纳提出的论点，是完全站不住脚的。它始于如下想法，即维持作为明显经济领土的奥匈帝国海关领土，符合奥地利所有民族的利益，因此，每一个民族都有兴趣创造保持这个国家生存的秩序。已经证明这一论点是不正确的，当人们认识到民族自治纲领的不完善之处时，就可以立即明白，它无非是企图找到一条不破坏哈布斯堡国家的摆脱民族斗争的出路。因而，社会民主党有时被称为"帝国和皇家社会民主党"并非完全不合理。在奥地利变幻莫测的众多政党中，他们确实表现为奥地利唯一亲国家的政党，特别是当德意志民族主义者暂时把奥地利感情放在一边表现为民族统一主义者的时刻。

奥地利的崩溃挽救了社会民主党，使它不至于在这个方向上走得更远。在世界大战的头几年，特别是伦纳，做了被反对者称为社会帝国主义的其学说所允许的这个方面的一切事情。他的政党的大多数人并没有无条件地在这条道路上追随他，这并不是他们自身的功劳，而是对政策日益增长的不满的后果——这种政策把最极端的血腥牺牲加在人民身上，使人民遭受饥饿和痛苦。

德意志人民害怕实现民主会伤害东部多语言领土上的德意志人，只要德意志人民没有完全接受民主原则，德国和奥地利德意志社会民主党就可以表示自己是民主的，因为它们是不承担责任的反对党。随着世界大战的爆发，当为德意志人民命运负责的任务的一部分或许是最大部分落到它们身上的时候，它们也采取了它们之前德国和奥地利的其他民主党派采取的道路。它们所做的改变——沙伊德曼在德国，伦纳在奥地利——注定使它们脱离民主。社会民主没有在这条道路上进一步发展，它并没有成为这个威权主义国家的新护卫，是由于条件的突然变化。就民主而言，该威权主义国家与德意志帝国的民族自由主义者和奥地利的德意志民族主义者几乎没有什么不同。 109

如今，随着在世界大战中的失败，以及战争对混合民族地区德意志人地位所造成的后果，之前迫使所有德意志党派远离民主的环境消除了。德意志人民今天只能在民主中、在个体和民族的自决权中寻求救赎。①

---

①　阻拦德意志人民接近民主的同样原因也对俄国人、波兰人和匈牙利人起作用。如果人们想理解俄国宪政民主党人、奥地利帝国议会里的波兰俱乐部、匈牙利1848年党的发展，人们将不得不把它们引入解释。

战 争 和 经 济

一、大战时同盟国的经济状况

在种类和程度上，世界大战的经济方面在历史上是独特的，之前不存在相似的事情，之后也永远不会再存在。这种发展结合的一般条件是劳动分工发展的当前阶段和战争技术状况，特别条件是好战大国集团的形塑和它们就地理和生产技术而言的领土特征。只有大量前提条件的结合才能导致很不适当地在德国和奥地利概括为"战争经济"这一流行语的局面。是否这场大战将是最后一场，或者今后是否还有其他大战，不需要发表意见。但是，一方所处经济地位类似于同盟国在这次大战中发现自己所处地位的战争，永远不会再次发动。原因不仅是1914年的经济历史形态不可能重现，而且是因为，没有人可以再次经历政治和心理的那种前提条件，使得在如此环境下持续数年的战争对于德国人民来说仍是有希望的。

对世界大战的经济方面几乎最大的误读是，在任何情况下"理解这些现象的大部分不应从对1913年和平经济状况的掌握开始，而应引证14—18世纪的和平经济状况或者拿破仑时代的战争经

111　济"。① 我们可以很清楚地看到，如果我们想象其他条件不变，世界大战爆发于一百年前国际劳动分工所达到的阶段，那么这种解释多么地集中在表面现象，使我们多么少地抓住现象的本质。那时战争就不会成为全面饥饿的战争，而这是这次大战的本质。另一个好战大国集团最终也会发展成一个完全不同的局面。

要理解世界大战的经济方面，人们首先要记住它们依赖于各个民族经济组成的世界经济关系的当代发展，第一是德国的经济和奥匈帝国的经济，其次是英国的经济。

经济史就是劳动分工的发展。它始于家族封闭的家庭经济，是自给自足的，自己生产它使用和消费的一切东西。个体家庭在经济上没有区别。每一家只服务自己。没有经济接触，没有经济财货交换。

认识到劳动分工下的工作比没有劳动分工的工作更有生产力，结束了个体经济的孤立状态。交易的贸易原则把个体业主联系到一起。经济从个体关切变成社会事务。劳动分工一步步向前发展。从开始受到限制到仅在有限范围分工，它越来越扩展自己。自由主义时代带来了这方面最大的进步。19 世纪上半叶，欧洲乡下的绝大多数人口通常仍生活在自给自足经济里。农民只吃自己种植的粮食，穿自己生产原料、在家里纺织缝纫的羊毛或亚麻衣服。他们自己建造、维护房子和农业建筑，或许有邻居的帮助，他们也以相同

---

① 参见 Otto Neurath, "Aufgabe, Methode und Leistungsähigheit der Kriegswirts-chaftslehre," *Archiv für Sozialwissenschaft und Sozialpolitik*, vol. 44, 1917/1918, p. 765；相反的讨论，参见 Eulenburg, "Die wissenschaftliche Behandlung der Kriegswirtschaft," ibid., pp. 775-785.

的服务回馈帮助他们的人。在喀尔巴阡山偏远的山谷，在阿尔巴尼亚和马其顿与世隔绝的地方，世界大战爆发前仍存在相似的情况。然而，这种经济结构很少与今日欧洲其他地方存在的情况一致，已经人人皆知而不需要详细描述了。

劳动分工的地域扩展导致了一个完整的世界经济，即每一项生产活动都流向最有利于生产率的地方；这么做时，地球表面所有的生产可能都进行了比较。这种生产的重新定位不断地发生，比如，当养羊业在中欧衰落、在澳大利亚扩展时，当欧洲的亚麻生产被美洲、亚洲和非洲的棉花生产替代时。 112

与空间的劳动分工同样重要的是人员的分工。它部分以空间的劳动分工为条件。当生产部门以地域区分时，各个生产者的个人区分也一定发生。如果我们身上穿着澳大利亚的羊毛，吃着西伯利亚的黄油，那么自然地羊毛和黄油的生产者不可能是一家和同一个人，像以前曾经的情况那样。事实上，人员的劳动分工也与空间的分工独立地发展，关于这一点，我们穿过城市甚至仅仅穿过工厂车间就能够知晓。

进行战争依赖于空间劳动分工当时达到的发展阶段，这一点甚至今天也不会使每一场战争都不可能。单个国家间可以在其世界经济关系不受实质影响的情况下进行战争。在1914年，德法战争本来注定导致或可能导致德国经济崩溃的可能性和在1870—1871年同样微小。但是今天，一个或几个国家切断与世界贸易的联系，对一个享受与外部世界自由贸易的敌人发动战争，应该完全不可能了。

空间劳动分工的这一发展，也使得地方反抗从一开始就变得完全没有希望了。至迟到 1882 年，科托尔海湾和黑塞哥维那附近的人们可以成功地反抗奥地利政府数周和累月，其自给自足家庭经济组成的经济系统不会遭受短缺。在威斯特伐利亚和西里西亚仅仅扩展到很小一块领土的反抗，在当时会通过封锁货物运输，在数日内就被镇压下去。数世纪之前，城市可以发动反对乡下的战争，而现在，很长一段时期以来都不再可能了。空间劳动分工的发展、向世界经济的前进，比所有和平主义者的努力都更有效地促进和平。只是认识到物质利益在世界范围内的经济联系，就可以使德国军国主义者看到他们所作所为的危险和实际上的不可能。然而，他们太执着于其强权政策思想，以至于他们永远不能说出"世界经济"这个和平的名词，而是陷入好战的思路。全球政策对他们来说就等同于战争政策、海军建设和憎恨英国。①

　　经济依赖世界贸易对于战役的结果来说具有决定性的意义，那些在德意志帝国内为战争准备了几十年的人自然不会忽视这一点。如果甚至仅仅由于德国的经济地位，他们仍不能意识到德国不可能对几个大国成功地发动一场大战，那么两个因素对此是决定性的，一个是政治的，一个是军事的。赫尔菲里希将前者总结为："德国边界的恰好位置非常好，排除了粮食进口长期停止的可能性。我们有这么多邻国——首先是公海，然后是荷兰、比利时、法国、瑞士、奥地利、俄国，不能想象这么多水路陆路粮食进口路线同时全部对我们封锁。整个世界可能会结成联盟反对我们；然而，严肃地考虑

---

　　① 特别是，在"海军条约自由协会"主持下，以 *Handels und Machtpolitik* (Stuttgart; 1900, 2 volumes) 命名的施莫勒、泽林和瓦格纳所做的演讲和随笔具有这个倾向的特点。

这种可能性甚至仅仅一分钟，都意味着对我们的外交政策没有一丝信任。"① 不管怎样，从军事上回顾起 1859 年、1866 年和 1870—1871 年的欧洲战争经历，人们相信他们对付的这场战争只会持续几个月，甚至是几个星期。所有的德国作战计划均基于在几周内成功彻底击败法国的思想。任何人要是说战争会持续很久以至英国甚至美国的百万大军会出现在欧洲大陆，在柏林一定会被人笑着打断。战争将成为阵地战一点儿不被人理解；尽管有日俄战争的经验，人们也相信他们可以通过迅速突击在短时间内结束欧洲战争。② 114

① 参见 Helfferich, *Handelspolitik* (Leipzig; 1901), p. 197; Dietzel, "Weltwirtschaft und Volkswirtschaft," *Jahrbuch der Gehe-Stiftung*, vol. 5 (Dresden: 1900), pp. 46 f.; Riesser, *Finanzielle Kriegsbereitschaft und Kriegfuhrung* (Jena; 1909), pp. 73 f.伯恩哈迪谈到采取措施为德国同英国作战做好准备的必要性，"据此我们可以获得最必要的食物和原材料进口，同时至少部分地出口我们过剩的工业产品"(*Deutschland und der nächste Krieg* [Stuttgart: 19121], pp. 179 f.).他建议为"一种商业动员"做好准备，他因此对政治局势沉浸于什么样的幻想之中，可以从若对英国（法国与之结盟）开战他对此的思考中清楚地看出来：我们"不会在精神上孤立，毋宁说是地球广大范围内那些有着自由导向观念和自信的人将和我们联合"(同上，第 187 页)。

② 现代战争理论始于进攻是进行战争的优越方法的观点。它符合对征服有一种饥渴的军国主义精神，伯恩哈迪为此辩护道："只有进攻才能得到正面结果，一味防守总是仅仅带来负面结果。" (参见 Bernhardi, *Vom heutigen Klieg* [Berlin: 1912], vol. 2, p. 223) 不过，对进攻理论的辩护不只是政治性的，也基于军事科学。进攻作为优越的战斗形式，是因为进攻者自由选择方向、目标和行动地点的自由，因为作为积极一方他决定着战斗进行的条件，总之，因为他把行动规则强加于受攻击者。然而，由于在战术上前线防守强于攻击，进攻者必须努力包围防守者的侧翼。这是古老的军事理论，近来被腓特烈二世、拿破仑一世和毛奇的胜利以及马克、库赖和贝内德克的失败所证明。它决定了法国在战争开始时的行动（米卢斯）。它迫使德国军事当局为了打击法国侧翼发起穿越比利时中部的行军，因为他们在正面不可攻击。他记得，对许多奥地利指挥官来说防守就是灾难，他们迫使康拉德在 1914 年发起战役，无目标无目的地进攻，奥地利军队的精华无谓地牺牲了。但是，允许包抄敌人侧翼的旧风格战斗的时代，在宏大的欧洲战争舞台上过去了，因为现代武器和通信手段改造的庞大军队和策略提供了使侧翼进攻不再可能的军队部署的可能性。靠海或中部领土的侧翼不可能被包抄。只有前线进攻

总参谋部的军事计算与其经济和政治计算一样错误。

因此，断言德意志帝国忽视了为战争做必要的经济准备并不正确。它只是指望一场仅是短时期的战争。然而，对于一场短期战争来说，经济供应无须超过财政和信用政策方面。在战争爆发前，德国仅与奥匈帝国（或更准确地说与奥地利德意志人和马扎尔人结盟，因为该君主国的斯拉夫人和罗马尼亚人在内心里——他们中的许多人甚至手拿武器——站在敌人一边）、土耳其和保加利亚结盟，德国会被迫与几乎其余整个世界作战许多年的想法无疑会被称作荒唐的。在任何情况下，人们经过平静的沉思之后都一定会认识到，这样的战争不可以发动也不应该发动。如果一种无法形容的糟糕政策使之爆发，那么人们应该尽快努力达成和平，即使以很大的牺牲为代价。因为事实上永远不用怀疑，战争的结局只会是可怕的惨败，使德国人民对敌人提出的最苛刻条款没有抵抗能力。在这种情况下，迅速实现和平至少可以避免进一步流血和物质损失。

甚至在战争的头几周内就应该立即认识到这一点，唯一可能的影响当时就已经显现。从战争的头几天——不过最迟在1914年9月马恩河和加利西亚失败之后——起，对德国政策来说就只有一个理性目标——和平，即使以重大的牺牲为代价。让我们先完全不

还保留，但是它不能对抗同等武装的敌人。这次战争中大的突破进攻只在针对装备糟糕的敌人时是成功的，特别是1915年的俄国人和在许多方面1918年的德国人是这样的。前线进攻针对较差的军队当然会成功，即使防守者的武器和准备同样好甚至更好（第十二次伊松佐战斗）。否则，旧战术只能应用于运动战战斗（1914年坦嫩贝格和马苏里亚恩湖区以及加利西亚的个别战斗）。德国军国主义的悲惨命运是误解了这一点。整个德国政策建立在进攻的军事优越性理论之上，在阵地战中这一政策随着这一理论破产了。

管实际发生的事实，实际上在 1918 年夏天之前，有很多次以大致
上可接受的条件实现和平的机会，阿尔萨斯、南蒂罗尔、苏台德区
和普鲁士东部各省的德意志人都可能以这种方式受到保护，不受外
国的统治。甚至在当时，如果继续战争可以提供一个稍微有利的和
平，就不必付出以后继续战争所需要付出的不可比拟的重大牺牲。
这并没有发生，无望的、自杀性战斗又持续了数年——政治考虑和
军事势态评估中的严重错误应对此负主要责任。[①] 但是，经济政策
的错觉也起了很大作用。

　　战争伊始就出现了一个流行语，甚至今天其不幸后果也不可能
被完全忽视——语言拜物教"战争经济"。这一名词的使用，击败
了所有能够得出不要继续战争的结论的考虑。这一名词的使用，使
得所有的经济思想都被搁置一边，从"和平经济"中得出的思想据
说不适用于"战争经济"，后者遵循其他的规律。有了该流行语这
个武器，通过例外法令获得全部权力的少数官僚和官员，用"战争
社会主义"替代国家社会主义和军国主义为自由经济留下的空间。
当饥饿的人们开始抱怨时，他们借口"战争经济"依旧麻木不仁。
如果一位英国内阁大臣在战争开始时发出"照常营业"的口号（然　116
而随着战争的进行这在英国不可继续），那么德国和奥地利人民会
以走上尽可能新的道路为傲。他们"组织起来"，却没有意识到他
们所做的是组织一场失败。

　　战争期间德国人民取得的最大经济成就，就是将工业转变为战

---

　　①　当马恩河战斗后德国已经注定失败时，谈论胜利和平的可能性是一个不可理
解的幻想。但是，容克政党宁愿让德国人民完全被毁，也不愿甚至早一天放弃它的统治。

争需要，这不是国家干预的成果，这是自由经济的结果。如果说德意志帝国在这方面取得的成就在绝对数量上比奥地利取得的要重大得多，人们不应该忽视奥地利工业不得不解决的任务相对其力量来说要大得多。奥地利工业不仅要满足超出和平时期供给的战争需求，它还必须补上和平时期遗漏的东西。奥匈帝国野战炮兵带上战场的枪炮是劣等的，轻重野战榴弹炮和山炮在引进的时候就已经过时了，几乎不能满足最一般的要求。这些枪炮来自国家工厂；私人工业和平时期被排除在供应野战和山地枪炮之外，仅可以给中国和土耳其提供这些物质，现在它们必须为扩充的炮兵提供这些物质，而且不得不用更好的大炮替代不可用的旧型号。奥匈帝国军队的衣服和鞋子的供应差不多也是这个情况。所谓的蓝灰色的——更准确地说是淡蓝色的——面料在战场上证明无法使用，不得不尽快被替换为灰色的面料。军队皮靴的供应在和平时期专门由市场导向的机械化鞋业负责，战时也不得不转向以前被军需官避开的工厂。

类似于自由工业的成果，同盟国军队 1915 年春天和夏天在东部战区取得的最大技术优势，构成了从塔恩和戈尔利采到深入沃里尼亚的战役胜利的基础的是，德国和奥地利劳工为西部和意大利战区输送各种战争物质的惊人成就。德国和奥匈帝国的军队行政当局非常清楚，为什么他们能够顶住使战争供给企业国有化的压力。他们把对国有企业（它们更符合他们的世界观）的公开喜爱搁置一旁，因为他们相当了解，只有自己承担责任、使用自己资源的企业家才能够完成这个领域的大型工业任务。战争社会主义很清楚为什么在战争的最初几年没有把军备企业委托给它管理。

二、战争社会主义

所谓战争社会主义，被认为是主要因战争导致的紧急情况而得到充分支持和合理化。在战争期间，不充分的自由经济据信不可能再被允许存在，必须代之以更完美的事物——管制经济。是否这一经济在战后应该恢复到"非德意志的"个人主义体系，据说是可以以不同方式回答的另一个问题。

为战争社会主义辩护的这一论据是不充分的，因为它体现了充分自由表达观点受到专制的战争党派限制的民族的政治思维特征。它不充分是因为，只有有组织的经济能够获得比自由经济更大的产出这一条件成立时，它才可以真正是一个有力的论据；然而，这一点首先需要被证明。对于鼓吹无论如何生产手段要社会化，从而想消除生产的无政府状态的社会主义者来说，战争状态不是为社会化措施辩护的首选。然而，对于社会主义的反对者来说，举出战争及其经济后果也不是能够推荐这些措施的环境。对于任何持有自由经济是经济活动的更好形式的观点的人来说，战争创造的需求恰恰一定是一个新的理由，要求撤销自由竞争道路上的一切障碍。这样，战争并不要求一个（中央）组织经济，尽管它可能在几个方向上给追求经济利益设置若干限制。在自由主义时代，甚至世界大战这种程度的战争（在自由和和平的时代，只要这样的战争还能够想象出来）都绝不会发展出社会化的倾向。118

对社会主义措施必要性最常见的辩护就是与被包围有关。德国及其盟友目前的状况据说类似于处于被包围的城堡中，敌人试图通过使之挨饿来征服他们。为对付这种危险，所有被包围城市通常用到的措施都要实施。所有存货都要看作在一个统一的管理当局控制下的总量，被用来平等地满足所有人的需要，因此消费需要定量配给。

这种论证思路始于无可争议的事实。很清楚，饥饿（广义上的这个名词）在战争史上一般只用作战术手段，在这次战争中被作为战略手段。① 但是，仅从这些事实得出上述结论是错误的。一旦人们认为同盟国的地位可以比作被包围的城堡，人们就不得不得出可以从军事观点得出的唯一结论。人们必须记得，军事史的所有经验告诉我们，一个被包围的地方注定要挨饿，只有外部援助才能阻止其陷落。只有指望时间流逝有利于被包围一方，"撑住"计划才有意义。然而，由于外部援助无望，人们不应该无视同盟国的地位日趋恶化的事实，因此有必要创造和平，即使创造和平会做出从当时的战术地位来看似乎不太合理的牺牲。因为敌人也时刻准备着妥协，如果他们从己方来看，能够因缩短战争而得到某种回报的话。

不能认为德国总参谋部忽视了这一点。如果它仍坚持"撑住"的口号，它反映的不是对军事形势的误判，而更多的是希望敌人产生特殊的心理倾向。小业主组成的盎格鲁-撒克逊民族会比同盟国民族更早地厌倦战争，而后者已习惯战争。一旦英国人也感受到战争之苦，一旦他们感到自己的需要受到限制，他们就会比中央欧洲人表现得更加敏感。这一致命的错误，这种对英国人民精神的误

---

① 使敌人饥饿作为战略手段的一个战例是 1904 年发生在西南非洲德国殖民地的赫雷罗人起义。在某种意义上，美国内战和上一次布尔战争也可以算在内。

读，也引发了首先是有限的随后是无限的潜艇战。潜艇战还依赖其他的错误计算，高估自己的效率，低估敌人的防卫措施，最终是对发动战争的政治先决条件和战争允许内容的完全误解。但是，讨论这些问题已不是本书的任务。搞清楚把德国人民推向自杀式冒险的力量这一问题可以留给更合适的人们。

但是，除了这些更关注于问题的总体军事方面的不足外，包围社会主义理论在经济政策方面也有严重缺陷。

当把德国比作被包围的城市时，人们忽略了，这种比较只适用于不能在国内生产且不能被国内可生产的货物替代的货物。随着封锁的加紧，以及意大利和罗马尼亚参战，除了奢侈品，对这些货物的消费进行定量配给，在任何情况下都意味着所有进口可能都被切断的时刻来临。当然，直到这时，允许完全自由贸易也会更好，至少从进口商品的数量来说，从而不减弱以间接方式获得它们的动机。通过刑罚措施来抑制这些货物价格上涨，无论如何都是错误的，就像在战争开始时，特别是在奥地利那样。如果贸易商以投机性的意图持有商品，以实现价格上涨，这会直接在战争开始时就有效地限制消费。因此限制价格上涨注定具有完全有害的后果。对于那些肯定不能在国内生产且不能被国内可生产的替代品替代的货物，国家最好设置最低价格而不是最高价格，来最大可能地限制消费。

投机活动预期未来价格的变化。它的经济功能在于熨平不同地区和不同时间点的价格差异，并通过价格对生产和消费的压力，使存货和需求相互适应。如果投机在战争伊始时开始要求较高的价格，那么它实际上暂时提高了它若不存在时形成的价格水平。事实上，由于这样也会限制消费，以后战争期间能够使用的货物库存注定会增加，这样就导致以后相比于不存在投机时注定形成的价格水平，会有一个温和适度的价格。如果投机的这种不可或缺的经济功能被排除在外，其他的事情就会立刻填补其空缺，或许是征用所有的存货、实行国家管理和定量配给。然而，只是满足于刑罚的介入是绝对不合适的。

战争爆发时，国民期望它持续三到六个月。商人也相应地安排其投机。如果国家有更好的了解，它就有义务干预。如果它认为战争在四周内就会结束，那么它的干预可以防止价格的上涨幅度大于使存货与需求协调所必需的程度。同样，为此限定最高价格是不够的。然而，如果国家认为战争会远比国民想象的长久，那么它应该干预，或者通过限定最低价格，或者通过为了国家库存的目的而收购货物。因为有一个危险，投机商们不知道总参谋部的秘密意图和计划，不会立刻把价格提高到确保手头少量库存能在整个战争期间提供供给的程度。这是国家干预价格完全必要和合理的一个例子。这并没有实际发生很容易得到解释。军事和政治当局一点儿也不知道战争的预期持续时间。由于这个原因，它们所有的准备都失败了，不管是政治和经济方面的还是军事方面的。

对于那些尽管有战争，但仍可以在没有出现敌人的同盟国领土上生产的所有货物来说，包围论本就完全不可行。为这些货物设定最高价格是最糟糕形式的业余水平。只有高价格才能够刺激生产，限制价格上涨扼杀了生产。国家强迫种植和生产的失败毫不令人惊奇。

详细描述同盟国在战争期间愚蠢的经济政策是经济史的任务。
121 比如在某一时期，曾经由于饲料短缺下令增加屠宰量，以减少家畜；

之后又下令禁止屠宰，采取措施促进家畜饲养。类似的无计划充斥各个领域。措施和反措施相互交织，直到整个经济活动的结构破败不堪。

包围社会主义政策最有害的后果是切断了农业生产过剩地区与消费超过生产地区的联系。很容易理解，内心站在协约国一方的苏台德区的捷克地区领导人，会尽可能地限制他们领导下的地区出口粮食到奥地利的德意志部分，首先是维也纳。不可理解的是，维也纳政府居然对此采取了容忍态度，它也容忍德语地区做出的限制，容忍匈牙利把自己与奥地利隔离，以至于当饥馑肆虐维也纳时，在乡下和匈牙利仍有充足的存货。然而，最不可思议的事实是，德意志帝国也实施了同样的地区隔离政策，允许农业地区把自己与工业地区隔离。大城市的人们没有起而反抗这一政策，只能解释为他们沉湎于经济生活的国家主义概念，盲目相信全能的官方干预，以及几十年之久的对所有自由根深蒂固的不信任。

当国家主义寻求避免必然的崩溃时，它只是加速了这一进程。

三、自给自足和囤积

随着战争的进行，同盟国注定最终在饥饿战中失败显示得越清楚，有必要更好地准备下一场战争的各方面的提议就越被积极地提出。经济应该加以重塑，以使德国能够禁得起一场持续几年的战争。为了不再在这些方面依赖外国，它应该能够在国内生产需要的一切，供养自己的人口，装备和武装自己的军队和舰队。

这一计划不可实现无须多论。它不可能实现是因为，德意志帝 122

国的人口相对于人口需要的所有粮食过于稠密，以致如果不使用外国原料就不可能在国内生产这些粮食，还因为生产现代战争物资需要的许多原材料德国实在没有。当战争经济理论家们提出使用替代物资来证明德国经济自给自足的可能性时，他们犯了一个错误。人们应该无须总是使用外国产品，有些国内产品相比外国产品可谓物美价廉。对于在应用科学方面卓异不凡的德国精神来说，这给它提供了一个伟大的任务，它一定会精彩地完成。这一领域之前的努力已产生令人满意的结果。据说我们现在要比以前更加富裕，因为我们已经学会如何更好地利用物资，它们之前要么被忽视了，要么被用于不重要的目的，要么没被完全利用。

这种思路的错误是明显的。应用科学还远没有提供好得无以复加的事物，我们仍可以指望重要性不亚于发明蒸汽机和电动机的技术提高，这很可能是正确的。这些发明中的一个或另一个正好在德国土壤上找到最适合它应用的前提条件，它或许正好使一种德国大量可得的物资变得有用，这也是可能的。但是这样一来，这一发明的重要性就在于转变一个生产分支的区位环境，使得一个国家以前认为不利的生产条件在给定条件下变得有利。这种转变历史上经常发生，将来也会一再发生。相比现在，我们希望它们未来的发生能够在更大程度上使德国成为生产条件更好的国家。如果这能够实现，那么德国人民肩上的许多负担就卸下了。

然而，生产条件的相对模式的这些变化，一定完全不同于引进替代物资的使用，和在更坏的生产条件下生产货物。人们当然可以使用亚麻代替棉花，使用木制鞋底代替皮革鞋底。然而，在前一例子中人们用较贵的即生产成本较高的材料替代了便宜的材料，在后

一例子中用不太适用的材料替代了更好的材料。这意味着需求没 123
有得到更好的满足。我们使用纸袋而不是麻袋,车辆上用铁轮胎而
不是橡胶轮胎,我们喝着"战争"咖啡而不是真正的咖啡,这表明
我们变穷了而不是变富了。如果我们现在小心地使用我们之前丢
掉的垃圾,那么这同我们熔化艺术品来得到铜一样不能让我们变得
更加富有。[①] 可以肯定,生活得好并不是最高的善,人民也许和个
人一样有理由更喜欢贫穷的生活而不是奢侈的生活。但是,这样就
请直说,而不是求助于从白色中制作黑色和从黑色中制作白色的人
工定理,这样就请任何人不要寻求通过言之凿凿的经济论据来模糊
清楚的事实。[②]

　　无须争议,战争需求可以产生、事实上也产生了许多有用的发
明。它们在多大程度上表现了德国经济的持久富裕,只有以后才
知道。

　　只有那些把所有其他目标都从属于军事目标的自给自足思想
的拥护者的思维是前后一致的。那些视所有的价值实现仅在于国
家并认为国家首先是一个随时准备打仗的军事组织的人,一定会要
求国家未来执行的经济政策要把其他考虑放在一边,为战争时期的
自给自足组织国内经济。不考虑因此产生的较高成本,生产必须纳
入经济总参谋部认为最合适的轨道。如果人们的生活标准因此受

---

　　① 参见 Dietzel, *Die Nationalisierung der Kriegsmilliarden* (Tübingen: 1919), pp.
31 ff.。

　　② 不仅经济学家在这个方面积极,技术专家做得更多,不过多数是内科医生。战
前宣称德国工人营养不足的生物学家,在战争期间突然发现缺乏蛋白质的食物特别有
益于健康,超过当局允许数量的过度脂肪消费有害健康,限制碳水化合物的消费没有什
么影响。

到影响，那么根据要达到的更高目标，这算不上什么。生活标准不是人民的最大幸福，履行义务才是。

　　但是，这个思路也有一个重大的错误。如果人们不考虑成本，那么在国内生产进行战争必需的一切物资应该是可能的。但是，在战争期间，重要的是不仅手中有武器和战争物资，而且它们要有充分的数量和最好的质量。一个在较为不利的生产条件下使用较高成本生产它们的民族，相比对手，将带着较差的供给、装备和武器走上战场。当然，物资供应的低劣某种程度上可以被战士的优秀个人素质所抵消。但是，在这场战争中我们才知道，超出一定的限度，所有的勇敢和牺牲都无用。

　　认识到自给自足的努力不可实现，于是就有人想出了未来的国家囤积系统。为防止可能重新出现的饥饿战，国家必须囤积不能在国内生产的重要原材料。由此，人们也想到大量储存粮食，甚至储存饲料。[①]

　　从经济的观点来看，这些建议的实现并不是不可想象的。尽管从政治的观点来看，它是完全无望的。不能设想其他国家会平静地看着这些战争物资在德国堆积如山，从它们的角度却不诉诸反措施。要挫败整个这一计划，它们实际上只需要监视这些问题物资的出口，每次允许出口仅仅不超过当前需求的数量。

　　发动战争的经济前提条件被非常不正确地称为战争经济。发动战争全都依赖于当时劳动分工所达到的状态。自给自足经济可

---

　　① 参见 Hermann Levy, *Vorratswirtschaft und Volkswirtschaft* (Berlin: Verlag von Julius,Springer), 1915, pp. 9 ff.; Naumann, *Mitteleuropa*; pp. 149 f; Diehl, *Deutschland als geschlossener Handelstaat im Weltkrieg* (Stuttgart: 1916), pp. 28 f.。

以相互进行战争；劳动和贸易共同体的个别部分也可以这么做，但是只有在它们能够回归自给自足时。由于这个原因，随着劳动分工的进展，我们看到战争和战斗的次数越来越少。工业主义精神随着贸易关系的发展愈发健旺，腐蚀了好战的精神。自由主义时代世界经济的巨大飞跃，相当程度上缩小了军事行动的空间。当德国人民中那些深刻洞悉各个民族经济在世界范围内相互依赖的阶层怀疑是否还可能有战争发生，而如果它果然发生，希望最多是能够迅速结束的战争时，他们比起那些沉浸于在世界贸易时代人们也可以实行三十年战争时的政治和军事原则的幻想的人，显示出了对现实生活的更好理解。

当人们分析战争经济这一口号的内容时，原来它不过是要求将经济发展回到比1914年的阶段更适合发动战争的阶段。这只是一个人们在这么做时应该走多远的问题。人们应该只回到使战争在大国间可能爆发的地步，还是应该尽量使战争在一国的各个部分间、城市和乡村间也可能爆发？只有德国应该处于对其余整个世界开战的位置，还是应该使柏林也可能与德国的其余部分开战？

任何基于道德的理由，想为了战争本身而永久保持战争作为人民之间关系的特征的人，必须清楚地认识到，这只能以公共福利为代价才能做到，因为甚至只是某种程度上实现这个军事理想，世界经济发展就不得不至少退回到1830年的状态。

四、经济的战争成本和通货膨胀

民族经济在战争中遭受的损失，除了被排除在世界贸易之外引起的不利，还包括军事行动造成的货物破坏、各种军事物资的消耗、人员被抽调去从事军事服务而在他们的民事活动方面造成的生产劳动损失。在工人数量由于死亡人数增加而持续减少，以及由于受伤、贫苦、疾病、营养不良的原因幸存者不再适合工作的范围内，这些劳工损失还会造成进一步的损失。仅在最轻程度上，这些损失被战争作为一个动力因素刺激人们提高生产技术的事实所抵消。在战争期间，甚至通过吸收原本不会雇用的妇女和儿童劳工或者通过延长工作时间来增加工人数量，以及通过限制消费来节省，都不能抵消它们，所以经济最终走出战争时会遭受相当大的损失。从经济角度考虑，战争和革命总是白费力的事情，除非民族经济的生产过程从中得到改善，从而使战后生产的额外货物数量能够补偿战争的损失。社会主义者相信，社会主义的社会秩序将使经济生产率翻数番，他们可能认为社会革命带来的牺牲是很小的。

但是，甚至对世界经济不利的战争也可以使单个的民族或国家致富。如果战胜国能够把负担施加在被征服者身上，不仅其战争成本会因此得到补偿，而且还会有盈余，那么战争对它来说就是有利的。军国主义思想相信，这种战争收益是可能的，并且可以持久保留。一个相信它可以很容易地通过发动战争而不是工作得到面包的民族，几乎不会承认，忍受不公正比实施不公正更能够取悦上帝。军国主义理论可以被驳倒；然而如果人们不能驳倒它，人们就不能通过诉诸道德因素来劝说强大的一方放弃使用其力量。

如果和平主义坦白否认一个民族可以通过战争获利，它的论证思路就走得太远了。对军国主义的批判必须开始于提出这样的问题，是否胜利者可以明确地指望总是保持强者地位，或者是否他一定不害怕被更强大的一方替代。对于从这一观点提出的反对，军国主义的论证只有以不变的种族特征假设开始才能防御。高等种族的成员，在他们之间按照和平主义的原则行动，他们坚定地团结一致来反对他们努力征服的低等种族，从而确保他们的永久支配地位。但是，对所有各方来说，高等种族成员之间产生分歧的可能性，导致他们的部分成员加入低等种族反对高等种族其余成员的战斗，这本身表明了军国主义事态的危险。如果人们完全抛弃种族特征恒久不变的假设，并设想之前强大的种族将被曾经弱小的种族超越，那么很明显的是，每一方必须考虑它可能面临自己也会失败的新战斗。经过这些假设，军国主义理论不可能再维持下去。不再有任何确定的战争收益，并且军国主义事态表现为经常战斗的情形，至少，由于严重摧毁了社会福利，最终就连胜利者得到的也少于他 127 在和平状态下的收益。

无论如何，无需太多的经济思考就会认识到，战争至少意味着财物的直接破坏以及不幸事件。甚至战争的爆发就会引起整体上商业中断的危害。在 1914 年 8 月战争爆发时，德国和奥地利人民恐惧地面对着未来。然而，令人惊奇的是，事情似乎向相反方向发展。危机没有如期而至，反而迎来商业兴旺的时期；衰退也没有出现，而是一片欣欣向荣。人们发现战争居然带来了繁荣。战前充满和平思想的商人们，对每一个战争谣言的出现都很焦虑，为此总被战争之友们责备，现在他们也和战争调和一致了。立刻不再有任何卖不掉的产品，多年来遭受损失的企业获得了丰厚的利润。战争开始数日和数周时达到危险程度的失业完全消失了，工资也上涨了。整个经济展现出欣欣向荣的景象。很快，作家们就开始寻求解释这种兴旺的原因。[①]

　　每个没有偏见的人很自然地不会怀疑，战争真的不能带来经济兴旺，至少不能直接带来，因为财富的增加永远不会产生于对财物的破坏。几乎不会有太大困难就会理解，战争确实给所有的武器、军需和军事装备制造商带来了巨大的商机，但是，这些卖方的所得在另一方面被其他生产部门的损失抵消了，从而经济的真正战争损失仍然存在。战争繁荣就像地震或瘟疫带来的繁荣。地震对建筑工人来说意味着好生意，霍乱则会给医生、药店和殡仪馆带来生意，128 但是没有人会因此喜迎地震和霍乱，把它们看作符合大众利益的生产力的刺激者。

　　由于观察到战争促进了军火工业的生意，许多作者从这一点出发，寻求把战争归因于对战争工业感兴趣的人的阴谋。这种观点表现为，在军火工业和一般重工业的行为中寻找表面支持。在德国，帝国主义政策的积极鼓吹者无可否认地不在工业界，而在知识界，首先是官员和教师。不过，在战前和战争期间，战争宣传的财政手段是军火工业提供的。然而，军火工业创造军国主义和帝国主义，并不比酒厂创造酗酒和出版社创造垃圾文学多。武器的供应并不能唤起需求，但是反过来说可以。军火工业的领导人本身不是嗜血

[①]　多数具有国家主义认识倾向的作者，不去致力于解释良好的商业运行，宁可讨论是否"应允许战争带来繁荣"的问题。在那些寻求解释战争中的经济繁荣的作家中，首先应提到纽伊拉特 (Neurath, "Die Kriegswirtschaft," 重印自 *Jahresbericht der Neuen Wiener Handelsakademie*, V [16], 1910, pp. 10 ff.)，因为他——追随凯里、李斯特和亨利·乔治的步伐——在战前就已经在这个或那个"战争经济"问题上，采取了战争期间在德国得到广泛传播的立场。战争创造财富这一观点最幼稚的代表是 Steinmann-Bucher, *Deutschlands Volksvermögen im Krieg*, second edition (Stuttgart: 1916), pp. 40, 85 ff.。

者，他们通过生产其他商品赚钱也同样高兴。他们生产大炮和枪支是因为存在对它们的需求；如果他们可以在和平时期物品上做更好的生意，他们会同样高兴地生产它们。①

如果通货膨胀没有给所有事实遮上一层面纱的话，对事物之间这种联系的认识本应该迅速传播，人们本应该立即认识到战争繁荣仅对一小部分人有利，整体经济正在日益穷困；这层面纱使人们认识不到，国家主义的思维方式已不习惯于任何经济考虑。

为了理解通货膨胀的意义，想象它以及所有从战争经济的景象中得出的它的后果是有帮助的。让我们想象，国家弃绝了寻求对自身的财政经济援助，转而发行各种各样的纸币。很明显，钞票的发行——如果我们不考虑从中立国得到的数量相对较少、作为从流通中撤出并出口的黄金的对应物的货物——绝不会增加进行战争的物资和人力手段。相比不开动印钞机，发行纸币不会多生产一门大炮、一颗手榴弹。毕竟，战争不是靠"货币"来进行的，而是靠用来换货币的货物进行的。对于战争货物的生产来说，用来购买这些货物的货币数量是多是少无关紧要。 129

战争大大增加了对货币的需求。许多经济单位被迫增加现金余额，因为更多使用现金支付代替之前常用的给予长期信用，恶化的贸易安排和增长的不安全改变了整个支付系统。战争期间大量

---

① 国家主义者怀疑在所有使他们不悦的事件中存在"特殊利益"阴谋，这是一种狂躁症。按他们的想象，意大利参战归因于英国和法国付费的宣传，邓南遮据说接受了贿赂，等等。人们会断定莱奥帕尔迪和朱斯蒂、西尔维奥·佩利科和加里波第、马志尼和加富尔也都出卖他们自己吗？然而他们的精神要比许多当代人的行为更加影响意大利在这场战争中的立场。德国外交政策的失败很大程度上归因于这种思维方式，这使它不可能抓住世界的现实。

新设的或者行动范围扩大的军事机构，以及同盟国进入占领地区货币流通的扩展，这些都扩大了对货币的经济需求。货币需求的增长产生了使其价值增长的倾向，即货币单位购买力增加的倾向，这抵消了钞票发行增加带来的相反倾向。

如果钞票发行量没有超过商业可以吸收的由战争引起的货币需求增加量，只是遏制了货币价值的增加，那么对此就不必多置一词。然而事实上，钞票的膨胀要远大得多。战争持续的时间越久，印钞机就越被积极地投入金融当局的服务。结果就发生货币数量理论描述的后果。所有货物和服务的价格以及外国汇票的价格都会上涨。

货币价值的下降有利于所有的债务人，伤害所有的债权人。然而，这并没有穷尽货币价值变化的社会症状。货币数量增加引起的价格上涨，并没有一下子在整个经济中对所有商品表现出来，因为多余的货币数量是逐渐散开的。一开始它流向特殊既得利益者和特定生产部门，因此首先仅增加了对特殊商品而不是所有商品的需求。之后其他商品的价格也上涨了。"在钞票发行过程中，"奥斯匹茨和利本说，"额外的流通工具将集中在一小部分人，即战争物质的提供者和生产者手上。结果，这些人对各种物品的需求将增加，这样这些物品的价格和销售量就会上涨，不过最显著的是奢侈品。这些物品生产者的境况就从而得到提高，他们对其他物品的需求也会增加，价格和销售量的上涨将因此进一步发展，并扩展到更大的物品范围，最终扩展到全部物品。"[1]

---

[1] 参见 Auspitz and Lieben, *Untersuchungen über die Theorie des Preises* (Leipzig: 1889), pp. 64 f.。

如果货币价值的下降一下子扩散到整个经济,并对所有商品达到同一程度,那么它将不会引起收入和财富的重新分配。因为在这方面只存在一个重新分配的问题。民族经济在这种情况下从中得不到任何收益,而一个人所得的就是其他人所失的。在价格上涨过程中,那些把价格已经上涨的商品和服务带到市场的人处于有利地位,能够以较高价格销售,同时还能够以较低的老价格购买想要的商品和服务。另一方面,那些销售以后才涨价的商品和服务的人必须以较高价格购买,而自己的销售只能按照较低的老价格进行。只要货币价格的改变过程仍在进行中,这种一些人获利另一些人损失的局面就会持续发生。当这一过程最终结束时,这些获利和损失也会停止,但是其间的获利和损失不会得到弥补。最广泛意义上的战争供应商(也包括战争工业的工人以及得到增加的战争收入的军事人员)的获利,因此不仅来自享受一般意义上的好生意,还来自多余数量的货币首先流向他们的事实。他们带到市场上的商品和服务的价格上涨是双倍的:首先由对他们劳动需求的增加引起,然后也通过增加的货币供应。

这就是所谓的战争繁荣的本质,它通过从其他人那里拿走东西 131
使一些人富裕。它不是财富的增长,而是财富和收入的转移。[①]

德国和奥地利德意志人的财富首先是丰富的资本。人们可以

---

① 参见 Mises, *Theorie des Geldes und der Umlaufsmittel* (Munich: 1912), pp. 222 ff. ; 第二版由 H. E. Batson 译作 *The Theory of Money and Credit* (Indianapolis: Liberty Fund, 1981), pp. 251 ff.。拿破仑战争期间一段对奥地利情况的珍贵描述见 Grünberg, *Studien zur österreichischen Agrargeschichte* (Leipzig: 1901), pp. 121 ff; 另见 also Broda, "Zur Frage der Konjunktur im und nach dem Kriege," *Archiv für Sozialwissenschaft*, vol. 45, pp. 40 ff.; 亦另见 Rosenberg, *Valutafragen* (Vienna: 1917), pp. 14 ff.。

评价我们国家的土地和自然资源非常富裕，然而人们必须承认也有
其他国家有得天独厚的条件，由于位置临近大海、山脉和河流，有
的土壤更加肥沃，有的矿山更加多产，有的水力更加丰沛，有的领
土更易进出。德国国民经济的优势不在于自然因素，而在于生产的
人力因素和历史上获得先机。这些优势表现为相对庞大的资本积
累，主要是用于农业和林业的改良的土地，以及各行各业已生产出
来的容量丰富的生产手段，包括街道、公路和其他交通工具，建筑
及其设备，机器和工具，最后是已经生产出来的原材料和半成品。
这种资本是德国人民长时间工作的积累，它是德国产业工人用来工
作的工具，他们通过应用它来生活。这个资本容量通过经年累月的
节俭而增加。

　　蕴藏在土壤中的自然力不会因生产过程中的适当使用而破坏，
在这个意义上，它们构成了永久的生产要素。地下积累的原材料数
量是有限的库存，人类一点儿一点儿地消耗，不能以任何方式替代
它。资本品也不会永久地存在；广义而言，资本品作为生产出来的
生产手段，作为半成品，它们逐渐地在生产过程中转化为消费品。
对于某些资本品，对于所谓的流动资本，这一过程发生得更快些；
对于另一些资本品，对于所谓的固定资本，这一过程发生得更慢些。
但是，后者也在生产中消耗。机器和工具也不会永久存在，迟早它
们会磨损，不能再被使用。不仅资本存量的增加，甚至只是资本存
量的维持因此都以资本品的连续更新为前提。原材料和半成品转
变为准备使用的商品，到达消费端，必须被其他的原材料和半成品
替代；各种机器和工具在生产过程中磨损，必须根据磨损的程度被
替代。履行这些任务需要清楚地估计磨损的程度和生产性商品的

使用情况。对于总是被其他同种类型的生产手段替代的生产手段，这并不困难。通过不停的养护工程，努力使得各个路段的情况技术上相同，一个国家的公路系统可以得到维护；它也可以通过不断增加新的公路或者扩大现存的公路进行扩展。在一个经济不发生变化的静态社会，这种方法可以应用到所有的生产手段。在一个变化的经济体中，这种简单的方法对大多数生产手段是不够的，因为用尽的和磨损的生产手段不是被同种类的生产手段所替代，而是被其他种类的生产手段所替代。如果实际上整个生产方向没有改变，萎缩生产部门消耗的资本品并没有被其他扩展或新设的生产部门安装的新资本品所替代，那么磨损的工具不是被同种类的工具所替代而是被更好的工具所替代。满足静态经济原始状况所需要的实物单位的计算，因此必须被货币价值的计算所替代。

在生产过程中，单个的资本品消失了。然而通过这样，资本得到维护和扩大。不过，这不是一个自然的必然结果，独立于有节约意识的人们的意愿，而是有意行动的结果，这些行动使得生产和消费至少可以维持资本的价值总量，仅把额外赚取的剩余分配给消费。这样做的前提条件是价值计算，它的辅助手段是会计。会计的经济任务就是检验生产的成功。它必须判断资本是增加、不变还是减少了。经济计划以及在生产和消费之间分配商品，就基于它获得的结果。

会计不是完美的。它的精确数字给没有经验的人以深刻印象，133
但这只是表面。它必须处理的商品和债务的估值基于评估，而评估依赖于对或多或少不确定因素的解释。在这种不确定性来自商品一方的范围内，商业立法规范所认同的商业惯例通过尽可能小心的操作来尽量避免它。也就是说，它要求低估资产，高估债务。但是，会计的缺陷也来自货币一方产生的估值不确定，因为货币的价值也是变化的。就商品货币即所谓的完全价值金属货币而言，真实生活并不重视这些缺陷。商业惯例以及法律完全采纳了天真的商业观点，认为货币的价值是稳定的，即货币和商品之间的现存交换关系不受货币一方变化的支配。[①]会计假设货币的价值是稳定的。通过建立相应的储备和销账，商业惯例只考虑信用和代用货币通货——所谓的纸币通货——对商品货币的波动。不幸的是，德国国家主义经济学也为观念向此观点转变铺平了道路。名目主义货币理论把金属货币价值稳定的思想扩展到所有货币，它制造了我们现在不得不描述的货币贬值的灾难性后果的前提条件。

　　企业家并不注意货币贬值现在使得资产负债表上所有的项目不再准确。在制作资产负债表时，他们忽视考虑上个资产负债表以来货币价值发生的变化。这样，他们就可能经常地把一部分原始资本增加到当年的纯收益之中，把它视为利润花掉、消费掉。忽视债务方面的货币贬值的错误（在一个公司的资产负债表上），只能被资产方面财富的组成也没有以较高的价值记录的事实部分地抵消。因为这种对于名义价值增长的忽视并不适用于流动资本，原因是对于已经售出的存货，较高的价值已经实现；正是这一点构成了企业的通货膨胀额外利润。忽视资产方面的货币贬值对于固定投资资本是有限的，其后果是在计算贬值时，人们使用对应于旧货币价值

134

---

　　① 关于这一点，参见 Mises, *Theorie des Geldes und der Umlaufsmittel*, pp. 237 ff.。

的较小的初始数额。企业常常设立特殊储备以准备恢复到和平时期经济，这种方法一般来说并不能对此进行弥补。

德国经济带着丰富的原材料和各种半成品的库存进入战争。在和平时期，不管这些库存投入使用和消耗多少，都能经常性地被替代。在战争期间，这些库存消耗了，却没有替代。它们从经济中消失了，国民财富减少了它们的价值。这会被下述事实掩盖：在贸易商或生产者的财富中，货币债权代替了它们的位置——通常是战时公债债权。商人认为，他像以前一样富有；他销售这些商品的价格普遍地高于他在和平时期期望的价格，因而认为现在变得更富有了。一开始，他没有注意到他的债权由于货币贬值价值大跌。他拥有的以马克或克朗计价的外国证券价格上涨。他把这也视为盈利。[1] 如果他整体或部分地消费这些表面上的利润，那么他就削减了他的资本而没有注意到这一点。[2]

这样，通货膨胀给资本消耗披上了一层面纱。个人认为自己变富了或者至少没有损失，然而实际上他的财富减少了。国家将单个经济单位的这些损失作为"战争利润"来征收，为非生产性目的花费这些收集的金额。然而，公众不知疲倦地关心这一巨大的战争利润，而这些利润在很大程度上根本就不是利润。

---

① 货币理论家中的名目主义者和国家货币主义者自然同意这种外行观点：在出售外国证券时，由于通货贬值而获得的名义价值增加构成利润；参见 Bendixen, *Währungspolitik und Geldtheorie im Lichte des Weltkrieges* (Munich: 1916), p. 37。这很可能是货币理论可以降到的最低水平。

② 在服务于官方目的的会计核算中，自然不可能考虑这些变化；这种会计必须按照法定货币执行。然而事实上，按照黄金货币重新计算资产负债表和损益表，在此基础上进行经济核算是可能的。

135　　所有人都欣喜若狂。比以前拿到更多钱的任何人——包括大多数企业家和工薪族，最后，随着货币贬值的进一步发展，除了得到固定收入的资本家之外的所有人——都对他的表面利润感到高兴。当整个经济在消耗它的资本，甚至当单个家庭持有、准备消费的存货也在减少时，所有人却都为繁荣而喜悦。这还不算，经济学家甚至开始着手深入调查其成因。

当人类习惯于使用货币时，理性经济才第一次变得可能，因为经济计算离不开把所有的价值还原为一个公分母。在所有的大规模战争中，货币计算都被通货膨胀打断。以前是铸币的贬值，今天是纸币的膨胀。交战国的经济行为因此被引入歧途，战争的真正后果远离他们的考虑。人们可以毫不夸张地说，通货膨胀是军国主义不可或缺的智识工具。没有它，战争对幸福的冲击力会明显地迅猛和尖锐，厌战情绪会来得更早。

调查战争给德国人民带来的物质损害的全部程度，今天还为时过早。这种尝试一定要提前开始于战前的经济条件。甚至仅仅由于这个理由，这也一定是不完全的。因为这样不可能考虑到世界大战对整个世界经济生活的动态效果，原因是我们缺乏调查自由经济秩序即所谓的资本主义国民经济体系解体所引起的整个损失量级的可能性。再没有比在这一点上观点分歧更严重的了。当一些人认为，资本主义生产制度的毁灭开启了通往文明梦想不到的发展道路时，另一些人则忧虑由此会堕落到野蛮状态。

但是，即使我们忽视所有这些，我们在判断世界大战对于德国人民的经济后果时，应该绝不能限于仅仅考虑实际上已经出现的战争损害和战争损失。那些就其本身而言确实巨大的财富损失，比不上经济的动态本质带来的不利后果。从经济角度来讲,德国人民还将在欧洲局限于并不足够的定居领土。数百万之前在国外谋生的德国人正被强迫遣返。而且,德国人民损失了相当大的海外投资。 136除此之外,德国经济的基础——加工国外原材料用于国外消费——被粉碎了。德国人民从而正被转变为长期贫穷的民族。

奥地利德意志人的地位总体上要比德国人民的地位更为不利。哈布斯堡帝国的战争成本几乎完全由奥地利德意志人承担。帝国的奥地利一半比匈牙利一半远远更多地贡献了该君主国的支出。而且,摊在帝国的奥地利一半的贡献几乎完全由德意志人做出。奥地利的税收制度把直接税几乎完全加在工业和商业企业家身上,农业基本上免税。这种税收模式在现实中只不过意味着,德意志人过度的税收负担以及非德意志人的税收豁免。还要考虑的是,战时公债几乎完全由奥地利的德意志人口认购,现在国家解体后,非德意志人拒绝对战时公债的利息支付和分期偿还做出任何贡献。此外,德意志人持有的对非德意志人的大量货币债权由于货币贬值而大大减少了。就连奥地利德意志人对工业和贸易企业以及在非德意志人土地上的财产的所有权,部分通过国有化和社会主义化措施、部分通过和平条约的条款也被没收了。

五、支付国家的战争费用

有三种途径可以用来支付战争期间国家财政产生的费用。

第一种途径是没收进行战争所需的物资,强征进行战争所需的人员服务,没有补偿或者没有充分补偿。这种方法似乎是最简单

的，军国主义最逻辑一致的代表坚决鼓吹采取它。它被广泛用于强
征人员实际进行战争。普遍的兵役义务在战争期间新近引入许多
国家，在其他国家也在实质上扩展。相比于自由劳工的工资，士兵
仅得到对其服务的微不足道的补偿，而军工厂的工人则待遇很高，
被征用或没收的战争物资手段的所有者至少部分得到相应的补偿，
这可以恰当地称为惊人的事实。对这种反常现象的解释可以在这
一事实中找到：今天即使付很高的工资也只有少数人应募，而且无
论如何，想到数百万以应募为基础的军队集合在一起的前景总不会
太好。至于国家通过血腥强征要求个人做出巨大牺牲，国家是否对
士兵服兵役遭受的时间损失给予或多或少充分的补偿，似乎是相当
不重要的。在工业社会，对于战争服务没有适当的补偿。在这样的
社会里，它们完全没有价格，它们只有被强迫地要求，这样一来，它
们是得到慷慨的报酬，还是像在德国那样得到可笑的低报酬，肯定
是不那么重要了。在奥地利，前线士兵得到 16 赫勒的工资，20 赫
勒的战场补贴，一天总共 36 赫勒！ ① 预备军官，甚至大陆国家的预
备军官，英国和美国的军队得到较高的补偿可以由下述事实解释：
大陆国家的军官服务，英国和美国的所有军事服务都建立了和平时
期的工资率，这些被作为战争期间工资率的出发点。但是，对战士
的补偿不论可能多么高或者多么低，它都永远不被认为是对强征人
员的完全补偿。要求被强征服役士兵所做的牺牲，只能通过无形价

---

①   而且，在喀尔巴阡山、萨尔马提亚平原的沼泽、阿尔卑斯高山和卡斯特进行可
怕战斗的军队，得到很糟糕的后勤支持，衣服和武器的供应都很不充分。〔1914 年，此
处提到的奥地利货币单位赫勒是价值很小的硬币，当时仅值一美分的 1/20（*A Satchel
Guide to Europe*, Boston: Houghton Mifflin, 1914, 191）。——英文版编者注〕

值来补偿,永远不能通过物质来补偿。①

在其他方面,对战争物资不补偿征用很少考虑。就其本质而言,不补偿征用只在战争开始时在个别经济单位针对数量充足的存货发生,并不涉及生产新商品的情况。

对国家来说获得资源的第二个可以利用的途径是引进新的税收,并提高现有税收。战争期间,这种方法也是到处尽可能地使用。许多方面要求国家应该尽力(甚至在战争期间)通过税收支付战争的所有费用。在这个方面,有人提到了英国的例子,据说在以前的战争中就使用了这种政策。确实,通过在战争期间征税,英国支付了较小战争的很大一部分费用,但这和其国民财富相比只是无关紧要的。然而,在英国进行的大规模战争中,这不是事实,无论在拿破仑战争中还是世界大战中,都不是这样。如果人们想立即完全通过税收而不借债筹集到像这场战争所需要的巨大数额,那么在摊派和收税时,人们分配税收负担就必须撇开公正和均匀,从当下可能收到的地方去收税。人们就必须从可移动资本所有者(不仅包括大所有者还包括小所有者,即储蓄银行的储户)那里收走一切,而给不动产所有者或多或少的自由。

然而,如果均匀地摊派高额战争税(因为如果想每年都完全支付当年发生的战争费用,它们会非常高),那么那些没有现金纳税的人就会不得不通过借债获得支付手段。地主和工业企业所有者就会被迫借债,甚至出售他们的部分财产。因此,首先不是国家本

---

① 从政治的观点看,在补偿军官和应募人员时按照完全不同的原则,以及支付前线的士兵比后方的工人少得多,是一个严重的错误。这严重地削弱了军队的士气!

身而是许多私人不得不借债，并因此对资本所有者有义务支付利息。然而，私人信用一般要比政府信用昂贵。那些土地和房屋的所有者，相比他们不得不对国家债务间接支付的利息，因此要对他们的私人债务支付更多的利息。然而，如果他们发现为了纳税自己被迫出售或大或小的一部分财产，那么这种突然拿出一大块不动产出售的情况就会导致该不动产的价格被狠狠压低，从而导致以前的所有者遭受损失，而此刻手握现金的资本家通过廉价购买就会获得利润。国家并没有通过税收支付全部战争费用，而绝大部分是通过发行国债支付，国债的利息从税收所得中支付，这并不像常常认为的那样意味着有利于资本家。①

　　人们不时听到这样的解释，通过国债为战争提供财政支持意味着把战争费用从当代人转移给后代。许多人补充说，这种转移也是公正的，因为毕竟，进行战争不仅是为了当代人的利益，也是为了我们子孙的利益。这种解释完全错误。进行战争只能动用现在的物资。人们只能用手中已有的武器战斗，人们只能从手中已有的财富中得到进行战争所需要的一切。从经济的观点看，当代人进行战争，他们一定也应承担战争的所有物质成本。后代们受到的影响仅限于他们是我们的继承人，我们留给他们的少于没有战争介入的情况下我们会留给他们的。国家是通过举债还是其他方式对战争融资改变不了这一事实。最大部分的战争成本通过国债融资，绝不意味着把战争负担转移给未来，而是分配战争费用的特殊原则。比如说，如果国家必须从每一个能够为战争融资的公民那里取走他一半

---

① 参见 Dietzel, *Kriegssteuer oder Kriegsanleihe?* (Tübingen: 1912), pp.13 ff.。

的财富，那么它是通过一次性征收他一半财富的税收还是每年作为税收从他那取走相当于其一半财富的利息收入，根本就无关紧要。对一个公民来说，他是一次支付 50000 克朗的税，还是年复一年地支付 50000 克朗所产生的利息，也是无关紧要的。然而，对所有那些不借债就支付不起 50000 克朗的人以及那些开始必须借债以支付落在自己身上的税收份额的人来说，这就变得很重要。因为国家享受着最便宜的信用，而他们作为私人去借款所支付的利息要多于国家支付给债权人的利息。如果我们把昂贵的私人信用和便宜的国家信用的差别设定为仅仅一个百分点，在我们的例子中这意味着，一年为纳税人节约 500 克朗。如果年复一年他不得不支付国家债务中他的份额的利息，相比他不得不为因缴纳临时高昂的战争税所借私人借款支付的利息，他每年就会节约 500 克朗。

在战争期间，社会主义思路获得越大的力量，人们就会越下决心通过对财产征收特别的赋税来支付战争费用。

对战争期间获得的额外收入和增加的财产征收特别累进税的思想，基本上不必然是社会主义性质的。就其本身而言，按照能力纳税的税收原则不是社会主义。不能否认，那些战时比平时获得更高收入或者增加了财产的人，比那些没有成功增加收入或财产的人在其他情况均相同时更有支付能力。而且，人们可以排除这样的问题：这些财富和收入名义上的增加多大程度上被认为是收入和财富的真正增加，是否它不只是作为货币贬值后果的用货币表示的名义数量增加的问题。战前收入 10000 克朗、战争期间收入增加到 20000 克朗的某人，无疑会发现自己比保持战前 10000 克朗收入的某人处于更有利的地位。这种对货币价值的忽视，对于德国和奥地利的立法意图来说是不言而喻的，这里确实存在着对可移动资本的故意不利和对地主特别是农民的有意偏袒。

对战争利润课税的社会主义倾向首先在它们的动机中泄露。战争利润税受到如下观点的支持：总的来说所有的企业利润代表着对社会共同体的抢劫，按理说它应该被完全征收。这一倾向随着征税的比率增大而逐渐真相大白，比率越来越接近对于财产或收入的全部增加的完全征收，无疑最终会达到为它们设定的目标。因为人们实际上不应对下述事实抱有幻想：在这些战争税收中表现出来的对于企业家收入不利的观点，并不仅归因于战时条件，用于战争税收的论证思路——在这个民族危难的时刻，财富的每一个增加，收入的每一个增加，实际上是不道德的——也可以在战后根据同样的理由得以保持，即使有细节上的区别。

141　　社会主义倾向在一次性资本税的思想中也非常清楚。一次性资本税口号如此流行，使得任何对其适当性的严肃讨论完全不可能，这只能用全体人民对私有财产的厌恶来解释。社会主义者和自由主义者对于一次性财产税是否优于当前税制的回答完全不同。人们可以举出如下事实：当前每年征收的财产税相比一次性财产税的好处是，它并不从个人手中取走资本品（更不用说它更公平和更统一的事实，因为它允许某一年课税中的错误在下一年得到纠正，它独立于在某一特殊时期财产拥有和估值的偶然性，因为它年复一年按照财产的当时财富数值处理财产）。当某人以自有资本100000马克运营一家企业时，他是不得不一次性支付50000马克作为财产税，还是每年仅支付相当于国家对一笔50000马克的债务必须支付的利息，对他来说并不是一件无关紧要的事。因为他有望利用

50000 马克中国家要求他支付利息以外的资本，赚取利润并持有它们。然而，自由主义立场的关键并不在此，而在于下述社会考虑：通过一次性资本税，国家将把资本从企业家手中转移到资本家和贷款人手中。如果企业家在征收资本税之后，要像以前一样以同样的规模经营生意，那么他必须通过获取信用得到失去的数额，而与国家必须支付的利息相比，作为私人他必须支付更高的利息。因此资本税的后果是使人口中有事业心的阶层对没有事业心的资本家背负更大的债务——作为减少战争债务的结果，资本家将把他们对国家的部分债权转换为对私人的债权。

当然，社会主义者走得更远。他们利用资本税不仅是想减轻战争债务负担（他们中的许多人想通过国家破产的简单方式摆脱战争债务），他们要求资本税也是为了给国家提供各种经济企业的所有权股份，包括工业公司、采矿业和农业地产。为此目的，他们使用国家和社会分享私营企业利润的口号开展活动，① 仿佛国家并没有通过税收立法分享所有企业的利润，所以它并不首先需要民法授权去从企业获得利润。今天国家分享着企业的利润，并没有在生产过程的管理中履行任何合作的义务，也并没有因企业的可能损失而遭受任何损害。然而，如果国家在所有企业中拥有股份，它将共担损失；而且，它将被迫关心单个企业的管理。只不过，这是社会主义者们想要的。

---

① 尤其可参见 Goldscheid, *Staatssozialismus oder Staatskapitalismus*, fifth edition (Vienna: 1917); Goldscheid, *Sozialisierung der Wirtschaft oder Staatsbankerott* (Vienna: 1919)。

六、战争社会主义和真正社会主义

所谓的战争社会主义是否是真正社会主义的问题，被以极大的热情一再讨论。一些人坚定地说是，而另一些人则坚定地说不是。在这个方面，可以观察到的引人注目的现象是，随着战争的继续，随着战争以德国事业的失败而告终越来越明显，把战争社会主义定性为真正社会主义的倾向也逐渐减弱。

为了能够正确处理这个问题，人们必须首先记住，社会主义意味着将生产手段从个人的私人所有转变为社会所有。社会主义只此无他。剩下的一切都不重要。比如说，在社会化共同体中，是一个世袭的皇帝、一个暴君还是民主组织起来的人民整体掌握权力，对于判断我们的问题完全无关紧要。在工人和士兵苏维埃的领导下并不属于社会化共同体的本质。其他权力机构——或许是教会或者军人国家——也能实施社会主义。此外，需要注意的是，在充分普遍以及平等选举权的基础上进行的德国社会主义经济综合管理者的选举，在战争的头几年会为兴登堡和鲁登道夫制造一个比列宁和托洛茨基能够在俄国取得的强大得多的多数。

社会化经济的产出如何使用也是非本质的问题。这种产出是主要用于文化目的还是用于进行战争，对于我们的问题无足轻重。在德国人民或者至少多数德国人的头脑中，在战争中取胜无疑被视为当下最紧迫的目标。人们是否同意这一点无关紧要。[1] 同样无足

---

[1]　马克斯・阿德勒（Max Adler, *Zwei Jahre...! Weltkriegsbetrachtungen eines Sozialisten*

轻重的是，战争社会主义的实施没有正式重新组织所有权关系。重要的不是法律的字面意义，而是法律规范的实质内容。

如果我们记住所有这些，那么就不难认识到战争社会主义的措施相当于把经济置于社会主义的基础上。所有权在形式上保持未受伤害。根据法律的字面意义，所有人仍然继续是生产手段的所有人。然而，对企业的处置权从他手中被夺走了。决定应该生产什么，获得原材料，雇用工人，以及最后销售产品不再取决于他，生产的目标给他指定好了，原材料以确定的价格交付给他，工人指派给他并由他按照他并不直接影响其决定的工资率支付工资。进一步，即使他不是实际上只作为一个管理人员实施所有这些生产活动，产品也将以明确的价格从他那里取走。这一组织形式没有统一和同时在所有工业部门实施——也根本没有在很多部门实施。而且它的网有足够大的网眼让很多事情漏过。这样一个极端的改革，完全将生产条件转了个个儿，不可能一蹴而就。但是，随着每一个纯粹这种性质的法令出现，就更加接近瞄准和趋近的目标。战争社会主义绝不是完全的社会主义，但是如果人们在这条选择的道路上继续行进，它就毫无例外地是完全和真正的社会主义。 144

生产收益首先交给企业家的事实改变不了这些。狭义上战争

[Nürnberg: 1916], p. 64）不同意战争社会主义是真正社会主义的思想："社会主义致力于组织国民经济，以充分和统一满足所有人的需求。它是充分甚至过剩的组织。而'战争社会主义'则是稀缺和需求的组织。"这里混淆了手段和目的。按照社会主义理论家的观点，社会主义是在既定的条件下获得经济可达到的最大生产力的手段。这时是过剩还是短缺盛行不是本质。毕竟，社会主义的标准不是争取大众的福利，而是通过基于生产手段社会化的生产争取福利。社会主义视自己与自由主义的区别仅在于它选择的方法；它们争取的目标是一样的。参考英文版第150页（即本书边码）及其后。

社会主义的特色措施原则上并没有取消企业家的利润和资本利息，不过当局的固定价格在这一方向上采取了许多步骤。但是，准确地说，所有战争期间的经济政策法令确实属于战争社会主义全景；只考虑特殊的措施而忽视其他是错误的。战争经济各个部门的经济专制不论留下什么，都会被税收政策搜刮去。战争税收政策建立在这一原则之上：超出战前时期利润的所有额外利润都应作为税收上缴。从一开始这就是政策瞄准的目标，每一个后来的法令都更接近于这个目标。无疑，只要还有更多一点时间就会完全达到这个目标。这种执行没有考虑同时发生的货币价值的变化，所以这意味着对企业利润的限制额不是战前所得的数额，而是该数额的一部分。当企业利润这样从顶部被限制时，从另一方面来看，企业家也并不保证能够得到确定的利润。像之前一样，他仍然不得不单独承担损失，而获利的机会并没有以前多。

许多社会主义者宣称，他们没有想过对企业家、资本家和地主进行无偿征收。他们中的许多人有这样的想法，即社会主义共同体允许有产阶级继续得到他们最近得到的收入，因为社会化会带来巨大的生产力的提高，以至于它会很容易支付这一赔偿。在向社会主义的这种转型中企业家得到的赔偿数额，会比在战争社会主义引起的转型中得到的多很多。他们会继续得到他们最后得到的利润作为保证收入。有产阶级的这种收入是仅持续一段时间还是永久，是次要的。战争社会主义最终也没有一劳永逸地解决这个问题。财富税、所得税和继承税的发展将能够——尤其是通过累进税率的扩展——很快实现完全的充公。

借贷资本所有者暂时被允许继续收取利息。由于他们遭受缘于通胀的持续的财产和收入损失，他们不是税收机关更大干预的适宜对象。对于他们，通货膨胀已经执行了充公的任务。

德国和奥地利的公共舆论完全被社会主义精神左右，不断抱怨战争利润税被拖延得太久，甚至后来它没有被适当严厉地应用。这样一种税收应该立刻实行，收集所有的战争利润，即，战争期间得到的所有财富和收入的增加。因此，甚至在战争的第一天就应该引进完全的社会化——不包括战前得到的财产收入。前文已经解释了为什么没有做这些，以及如果遵循这一建议，工业转化为战争状态会导致什么后果。

战争社会主义发展得越充分，社会主义社会秩序的独特后果就变得越明显。在技术方面，企业运营并不比以前更不合理，因为企业家仍保留为企业的领导，形式上占据着以前的位置，仍怀有能够自己拥有或多或少盈余的希望（即使只能通过非法手段），至少希望未来消除所有的战争社会主义措施，毕竟官方一直宣称它们是例外的战时措施。然而，一个增加花费的倾向变得值得注意，尤其是在贸易中，这种倾向是由当局的价格政策和法院处理关于超过最高价格的刑法条款的实践造成的：允许的价格以企业家的消费加上边际"简单利润"为基础确定，所以企业家购买的东西越昂贵，他花费的越多，他的利润就变得越大。

最重要的是对企业家创新精神的损害。因为他们分担的损失大于利润，所以从事商业冒险的动机十分微弱。在战争后半段，许多生产机会没有利用，因为企业家们回避与新投资和引进新生产方法并存的风险。这样，国家来承担可能损失责任的政策，特别是战争刚开始时奥地利采取的政策，更适合刺激生产。战争晚期，在这

146

一点上的观点发生了变化。关于从国外进口特殊原材料到奥地利，产生了谁应该承担"和平风险"的问题，即万一实现和平出现价格暴跌所导致的损失的危险。与同盟国有联系的企业家们的利润机会是有限的，因此只有国家乐意承担可能的损失，他们才想着手做生意。由于不可能这样安排，进口就没有进行。

战争社会主义，是早在战争开始前引入的国家社会主义政策的高歌猛进。从一开始，就盛行这样的意图：战后不遗漏任何一个战争期间采取的措施，反而要迈步走在实现社会主义的道路上。如果人们在公共场合听到不同的声音，如果尤其是政府官员总是只谈到战争期间的例外规定，这样做的意图只是驱散对加速社会化和各个措施的可能的怀疑，并窒息对他们的反对。然而，口号已经找到了，进一步的社会化措施要在这一口号下扬帆起航。这个口号叫作转型经济。

总参谋部军官们的军国主义土崩瓦解了，其他力量控制了转型经济。

社会主义和帝国主义

一、社会主义及其反对者

普鲁士威权国家的威权主义-军国主义精神在通常的德国社会民主党和德国社会主义的思想中找到了自己的对应物和完备形式。乍一看,威权主义国家和社会民主党仿佛是不可调和的对立面,它们之间没有调解余地。确实,它们在毫不掩饰的敌意中相互对立超过五十年了。它们的关系不是那种政治上的敌对,像在其他国家不同党派身上发生的那样;这是一种完全的疏远和道德敌视。在以容克地主和官僚为一方,社会民主党为另一方的两方之间,甚至每一个个人的、纯粹人类的接触都不存在;一方或另一方试图理解对手或与之进行讨论几乎没有过。

然而,君主政治和容克地主阶级对社会民主党不可调和的憎恨并不涉及社会民主党的社会经济纲领。社会民主党的纲领包含两个不同来源的因素,仅仅松散地联系在一起。一方面,它包括自由主义——尤其是其左翼——代表的所有政治要求,部分已经在大多数文明国家实施。这部分社会民主党纲领,建立在民族国家最大的政治理想上面——该理想想要解体君主和威权主义国家,将其臣民转化为国家的公民。社会民主党追求这一目标，尽管有各种迫害，它从垂死的德国自由主义无力的手中接过民主的大旗，独自在德国政治最黑暗的几十年中高擎——这是它极大的骄傲和声望。对此它感激世界给它的同情，这种同情首先给它带来了许多最优秀的人才以及大量被压迫的人们和大量"资产阶级同路人"。然而，正是共和主义者和民主主义者使容克地主和官僚对该党产生不可抑制的憎恨的事实，单独就将它带入与当局和法院的冲突，使它被列为受到"思想健全人士"鄙视的、被看作是国家敌人的不法之徒。

　　德国社会民主党纲领的另一个组成部分就是马克思主义的社会主义。资本主义剥削工人的口号和诱人的未来乌托邦国家对广大人民群众的吸引力，是一个气度不凡的政党和工会组织的基础。然而，许多人只是通过民主被社会主义争取过来的。当德国资产阶级在德国自由主义遭到灭绝性的失败后，无条件地屈服于俾斯麦的威权主义国家时，当德国企业家阶级认同普鲁士国家，遵守德国关税保护政策时，对于德国来说，军国主义和产业主义就成为政治上相关的概念，社会民主党纲领的社会主义一侧就从民主诉求中汲取新的力量。许多人为了不伤害民主事业，克制自己不再批评社会主义。许多人成为了社会主义者，因为他们是民主主义者，并且相信民主和社会主义不可分割地联系在一起。

　　不过事实上，恰恰在社会主义①和独裁的威权主义国家形式之

---

① 关于经济政策，社会主义和共产主义是完全相同的，两者都致力于生产手段的社会化，这与自由主义形成对比，自由主义原则上想让甚至包括生产手段私有的私人所有权继续。最近使用的社会主义和共产主义之间的区别，与经济政策无关，除非人们也把想取消消费品私人所有的计划强加于共产主义者。关于中央集权和工团社会主义（事实上，仅仅中央集权社会主义是真正的社会主义），见英文版第162页及其后。

间存在的关系，反映了两者的本质。[①] 由于这个原因，威权主义国家也并不像严厉对待所有民主运动那样打击社会主义的努力。相反，普鲁士德国威权主义国家有力地向"社会王权"一面进化。如果这个伟大的德国工人党在 1914 年 8 月之前放弃其民主纲领，以换取其社会主义目标的逐步实现，普鲁士国家本可以更加转向社会主义。

普鲁士军国主义的社会政治学说，可以在经济政策的普鲁士学派的书面作品中认识到。我们在这里发现，威权主义国家的理想和意义深远的大工业企业社会化的理想之间实现了完全的和谐。许多德国思想家拒绝马克思主义——然而，不是因为他们拒绝它的目标，而是因为他们不可能赞同其对社会和经济发展的理论阐释。不论人们说了什么反对它的内容，马克思主义与所有科学的经济学都有一个共同之处：它承认在历史进程中遵从规律，并假定所有发生的事情具有因果联系。德国国家主义在这个方面不可能追随它，因为国家主义到处看到的是伟大国王和强大国家的行动的标记。对国家主义来说，历史的英雄解释和目的论解释似乎比因果解释更明

---

① 参见 Herbert Spencer, loc. cit., vol. 3, p.712.。Seillière 研究了社会主义的帝国主义倾向，*Die Philosophie des Imperialismus*, second edition of the German version (Berlin: 1911), vol. 2, pp. 171 ff., vol. 3, pp. 59 ff.。那些想要按照军队模式来安排未来国家的社会主义纲领暴露得特别清楚，例如：想要通过建立"食物军队"或"工人军队"来解决社会问题（参见 Popper-Lynkeus, *Die allegemeine Nährpflicht* [Dresden: 1912], pp. 373 ff.; 另请参见 Ballod, *Der Zukunftsstaat*, second edition, [Stuttgart: 1919], pp. 32 ff.）。值得注意的是，帝国主义和社会主义在文学和政治上手拉手。上文已经提到恩格斯和洛贝尔图斯（英文版第 78 页及其后）。人们可以举出许多人，如卡莱尔（参见 Kemper, "Carlyle als Imperialist," *Zeitschrift für Politik*, XI, 115 ff.）。澳大利亚是盎格鲁-撒克逊国家中唯一一个背离自由主义、比其他国家更接近社会主义的，在其移民立法方面是帝国主义出类拔萃的典范。

显。国家主义眼里没有经济规律，它否认经济理论的可能性。[①] 在这个方面，马克思主义优于德国社会政策学说，后者没有一点儿理论基础，而且永远不寻求创造一个。对该学派来说，所有的社会问题都表现为国家行政管理和政治任务，没有什么问题的解决它不是轻松愉快地进行的。然而，它总是给出同样的药方：命令和禁止是较小的手段，国家所有是较大的、永不失败的手段。

在这样的环境下，德国社会民主党的地位很轻松。马克思主义经济理论在西欧和美国只能赢得少数追随者，不能宣称自己比肩现代经济理论的成就，也就没有遭受经验现实主义和德国历史学派经济学的过多批评。对马克思主义经济理论的批评工作是被德国排斥的奥地利学派做的，首先是庞巴维克做的。[②] 马克思主义可以很容易地驳倒普鲁士学派，马克思主义对普鲁士学派的危险性不是作为敌人而是作为朋友。社会民主党不得不小心地表示，德国社会政策致力的改革并不能代替社会革命，普鲁士意义上的国家所有权也不等同于社会化。这个证明不可能成功，但是其失败并不有损于社会民主党。因为毕竟，它永远都被指责为不成功的反对派，这一反对派头衔总是能够使该党从社会改革和社会化措施的缺陷中为本党立场捞取好处。

---

① 对理论研究的敌对精神也影响了德国社会民主党。正因为理论经济学在德语领土的兴旺只存在于奥地利的特有现象，所以德国马克思主义最好的代表考茨基、奥托·鲍尔、希法亭、马克斯·阿德勒也来自奥地利。

② 这里自然不是故意批评性地评估马克思主义。这一节讨论的目的只在于解释社会主义的帝国主义倾向。而且不管怎样，对这些问题感兴趣的任何人可以读到足够的作品（如 Simkhowitsch, *Marxismus versus Sozialismus*, translated by Jappe [Jena; 1913]）。

社会民主党成为德意志帝国最有影响力的党派，主要归功于其纲领中的民主部分，这是它作为自由主义的继承人接手的。然而，这样社会主义在德国人民中间就赢得了最大的同情，故而仅有被孤立的声音认真地和从原则上反对社会化，甚至所谓的资产阶级党派也想社会化已经"成熟得"可以社会化的生产部门——这些是国家主义进行宣传工作的结果。社会主义思想并没有战胜普鲁士威权主义国家，而是其始终如一的发展结果；它们在德国之所以能够流行，智囊团的学术社会主义所起的推动作用，不亚于社会民主党鼓动家的宣传工作。

由于五十年前普鲁士经济政策学派鼓吹的观点，今天的德国人民对于自由主义经济政策和社会主义真正内容的对立不再有任何理解。这两个方向的区别不在于目标而在于手段，许多人对此并不清楚。甚至对于德国的反社会主义者来说，社会主义也表现为唯一公正的经济组织形式，确保人民最充分地满足需要；如果他自己反对它，他会意识到这么做是对抗最有利于共同利益的事情，这么做是为了自己的利益，因为他感到自己的权利或特权受到了威胁。官僚们多数持此立场，不过在企业家中间也常常可以发现它。在德国，人们久已忘记自由主义也像社会主义那样，不是出于关心个人利益而是所有大众的利益而推荐其经济制度。"最大多数的最大幸福"应该作为政策目标，首先是激进的自由贸易者杰里米·边沁主张的。比如，边沁也进行其著名的反对高利贷法的斗争，不是出于关心货币贷出人的利益，而是出于关心所有人的利益。[①] 所有自由

---

① 参见 Bentham, *Defense of Usury*, second edition (London: 1790), pp. 108 f.。

主义的出发点在于这样的论点：恰当理解的个人、阶级和人民的利益是能够协调的。它拒绝重商主义关于一个人的好处就是另一个人的损失的思想。重商主义原则可能适用于战争和抢劫，但是对于经济和贸易它就不适用了。因此，自由主义认为阶级对立没有基础，因此，在民族之间的关系上它是和平主义者。它提倡保持生产手段的私人所有权，不是因为它认为自己被号召去代表有产阶级的特殊利益，而是因为它视基于私人所有权的经济秩序，是确保所有群体人民最好和最高物质满足的生产和分配制度。正像它在国内号召自由贸易不是出于考虑特殊阶级的福利而是所有人的福利一样，它在国际关系中要求自由贸易也不是为了外国人，而是为了自己人民。

干预主义经济政策持有另一观点，它认为国家间关系存在不可调和的敌意。而马克思主义则宣告了阶级斗争的学说，在阶级不可调和的对立上建立了自己的学说和策略。

在德国，自由主义从未被理解，它从未在德国找到基础。只有这样才能解释，就连社会主义的反对者都或多或少地接受社会主义学说。这在社会主义的反对者对阶级斗争问题的立场上表现得最为清楚。马克思主义的社会主义宣扬无产阶级反对资产阶级的斗争。在其他地方，这种战斗口号遭到利益一致口号的反对。在德国却不是这样。在这里，无产阶级与作为一个阶级的资产阶级对立着。联合的资产阶级党派与无产阶级党派对立着。它们不明白，它们以这种方式承认了马克思主义者的论点是正确的，并因此使它们的斗争毫无希望。那些论证支持生产手段的私人所有权的人，不过仅仅指出私人所有权的取消会伤害所有者的权利，这使得反社会主义的支持者仅局限于非无产阶级。在一个工业国家，"无产阶级"自然在人数上超过其他阶级。如果党派的形成决定于其阶级成员，那么很清楚，无产阶级党派一定会取得对其他党派的胜利。

二、社会主义和乌托邦

马克思主义视社会主义的到来为不可避免的必然。即使人们愿意承认这种观点正确，也绝不注定人们会拥抱社会主义。或许，我们无论如何都无法逃脱社会主义，然而任何反对它的人一定不希望它由于这个原因前进并寻求它加速来到，相反他会尽可能百般拖延其到来。没有人可以逃脱死亡的命运，然而认识到这种必然，并不迫使我们尽快地把死亡招来。如果马克思主义者被说服，相信社会主义会带来我们社会条件的恶化而不是改善的话，他们一定成为社会主义者的可能性，将会大大减少。①

社会主义者和自由主义者在这一点上的意见是一致的：视经济政策的最终目标是达到确保最大多数人的最大幸福的社会状态。所有人的福利，对最大可能人数的最大可能福利，既是自由主义的目标，也是社会主义的目标，即使这一点可能不时地被误解甚至引起争辩。两者都拒绝所有的禁欲主义理想，禁欲主义理想想要约束人们节俭，鼓吹脱离和逃避生活；两者都致力于社会财富。仅在达到经济政策的这种最终目标的途径上，它们的观点出现了分歧。一种经济秩序依赖生产手段的私人所有权，给行动和自由创新以最大

---

① 参见 Hilferding, *Das Finanzkapital* (Vienna: 1910), p. X。

153　可能的范围，确保自由主义者实现渴求的目标。而社会主义者寻求
通过生产手段的社会化来实现目标。

　　旧的社会主义和共产主义致力于财产和收入分配的平等。不
平等被认为是不正义的，它与神圣法则相抵触，必须废除。对此自
由主义者的回答是，束缚个人自由活动会伤害大众利益。在社会主
义社会，穷与富的区别会消失，一个人不再会比另一个人拥有得更
多，但是每一个人可能会比今天最穷的人还穷。自由经济秩序允许
收入上最大的差别，这可能确实是真的，但是这绝不涉及穷人遭受
富人的剥削，因为富人拥有的东西并不是取自于穷人。在社会主义
社会，他们的剩余不可能分配给穷人，因为在这样的社会里剩余一
点儿也生产不出来了。在自由经济秩序中生产出来的超过共产主
义经济秩序生产出来的剩余，实际上没有完全分配给生产手段所有
者，其中一部分甚至归于无产者，所以每一个人，甚至是最穷的人，
在建立和维护自由经济秩序中都有利益。

　　这就是支持生产手段私人所有权的论据，每一个不建立禁欲主
义理想的社会主义将不得不反驳。马克思确实感到了反驳的必要。
当他看到社会革命的驱动因素在于这一事实，即所有权关系从促进
生产力的发展转变为对其造成束缚时，[①] 当他曾经顺便努力证明（这
一努力失败了）资本主义的生产方式在特定情况下阻碍了生产力的
发展时，[②] 他确实偶然承认了这一问题的重要性。但是，对于决定

---

　　① 参见 Marx, *Zur Kritik der politischen Ökonomie*, edited by Kautsky (Stuttgart: 1897), p. xi。

　　② 参见 Marx, *Das Kapital*, vol. 3, first part, third edition (Hamburg: 1911), pp. 242 ff.。

选择社会主义还是自由主义的问题，不管是他还是其追随者都没有
给予其应有的重要性。既然共产主义社会构成了不可避免的未来，154
他们的决定论不可能理解一个人怎么可以支持或者反对社会主义。
对于作为黑格尔派哲学家的马克思来说，向社会主义的发展在黑格
尔的意义上也是理性的，并代表了向更高阶段的进步，这一命题早
已解决。对他来说，社会主义对文明意味着灾难必然是完全不可理
解的思想。

　　马克思主义的社会主义因此没有动机考虑社会主义作为一种
经济形式是否优于自由主义的问题。对它来说，社会主义本身就意
味着所有人的福利，而自由主义使少数人富裕却弃大众于不幸似乎
是确定的。因此，随着马克思主义的出现，两种经济秩序优劣的争
论逐渐平息。马克思主义者没有加入这种讨论。他们甚至没有公
然地试图驳斥自由主义支持生产手段的私人所有权的论点，更不用
说实际上驳斥它们。

　　按照自由主义的观点，通过将生产手段传递给那些最理解如何
使用它们的人，生产手段的私人所有权实现了它的社会功能。每一
个所有者必须按照收获最大产出的方式，也就是说，对社会产生最
大效用的方式使用其生产手段。如果他没有这么做，那么这必然导
致其经济失败，生产手段将转移给更好地理解如何使用它们的人处
置。通过这种方式，对于生产手段不适当的或者疏忽大意的应用被
避免了，最有效的利用得到保障。对于不是个人私人所有而是社会
所有的生产手段，情况就不一样了。这里缺失的是所有者私利的刺
激。设备因此不像在私人部门那里得到完全利用，从而相同的投入
不可能得到相同的产出。社会生产的结果因此一定落后于私人生

产。国有或者市属公共企业提供了这方面的证据（对此个人主义者进一步提出异议）。这些企业的绩效低于私人部门已得到证明并广为人知。在私人所有权下产出获利丰厚的企业，置于国有或者市属所有权下产出会立即下滑。无论哪里，公共公司都不能在与私人公司的自由竞争中保持自己；今天，它只能存在于它排斥竞争获得垄断的地方。甚至仅仅这一点就是它经济生产率低下的证明。

只有为数不多的马克思主义导向的社会主义者才认识到了这种反驳的重要性，否则，他们将不得不承认，所有事情都依赖这一点。如果社会主义生产模式相比私人企业不能获得额外的产出，如果相反，它比后者产出还少，那么工人有望从中得到的份额就没有增加而是减少。所有社会主义者的论据因此不得不集中于表明社会主义将成功地提高产量，超过个人主义经济秩序下可能产出的数量。

大多数社会民主党作家在这一点上保持沉默，其他人仅偶尔谈及它。这样，考茨基举出了未来国家用来提高产量的两种方法。第一种是把生产集中在最有效的公司，关闭所有其他排在后面的公司。[①] 这作为提高产量的方法不会引起争议。但是这种方法恰恰在自由竞争的环境下得到最好的运作。自由竞争无情地剔除所有生产力低下的企业和公司。正因为它这么做，遭到受影响者一次又一次的责备；正因为这个原因，较弱的企业在向公共机构出售产品时，就要求国家补贴或者特殊考虑，总之，以各种可能的方式限制自由竞争。甚至考茨基也一定认可为获得较高生产力在私人企业基础

---

① 参见考茨基 *Die soziale Revolution*, third edition (Berlin: 1911), II, pp. 21 ff.。

性工作上用这种方法组织起来的最高程度的托拉斯，因为他事实上引用它们作为社会革命的模范。社会主义国家是否同样急迫地采取这种提高生产的方法，就不仅仅是让人怀疑了。它会不再为了避免抛弃一家公司对地方造成的不利而继续维持一家没有利润的公司吗？私人企业家会无情地抛弃不再赢利的企业；工人们必须离开，或许也必须改变他们的职业。毫无疑问这首先会伤害到受影响的人，但是对整体是有利的，因为它使物美价廉的市场供应变得可能。社会主义国家也会做到这些吗？它会不会恰恰相反出于政治考虑努力避免当地的不满？在奥地利国家铁路系统，所有类似的改革都夭折了，因为人们寻求避免由于抛弃冗余的行政官员、车间和供热设备而给特定地方带来伤害。当军队管理部门出于军事理由要从某地撤出驻军时，它甚至在议会也遇到了困难。

156

考茨基提到的第二种提高产量的方法是"各种各样的节约"，他自己承认，他也在今日的托拉斯中发现其已经得到实现。首先，他举出物资和设备、交通成本、广告和宣传费方面的节约。[①] 请注意，就物资和交通节约而言，经验表明，没有其他地方的运营像在这方面节约这么少，没有其他地方像在公共服务和公共企业里浪费那么多劳动和物资。相反，甚至单独为了所有者自己的利益，私人企业也会尽可能节俭地运作。

当然，社会主义国家会节约所有的广告费用和所有推销员的交通成本和代理商成本。然而，它是否不会在社会分配机构雇用那么多人服务，就不仅仅是让人怀疑了。在战争期间我们已经有了经

---

① 同前书，第26页。

验，社会主义分配机构会相当笨重和昂贵。面包、面粉、肉类、糖和其他物品的成本真的会比广告成本小吗？分发和管理这些定量配给物资必然需要大量职员，这会比销售员和代理商的旅费更加便宜吗？

社会主义将取消小零售商店。但是它将不得不代之以货物分配站，这样做的成本并不会更低。甚至消费合作社也并不比以现代方式组织起来的零售企业雇用更少的人；就是因为它们有着较高的支出，所以它们如果不享受税收优惠就常常无法同商人们竞争。

我们看到，考茨基论证的理由是多么地脆弱。当他现在断定"通过使用这两种方法，无产阶级政权可以立刻把产量提高到很高的水平，这样它就可能大幅提高工资，同时削减劳动时间"时，对这个断定他到目前为止并没有提出任何证据。①

157 在确保获得最高劳动生产率方面，生产手段私人所有权的社会功能尚未穷尽。经济进步依赖资本的持续积累。不管自由主义者还是社会主义者对此都无争议。某种程度上更加关心社会主义社会组织问题的社会主义者也不忘总是提及，在社会主义国家，资本积累——今天由私人方面进行——将是社会的责任。

在个人主义社会，个人进行积累，而不是社会。资本积累通过

① 近些年人们听够了冰冻土豆、腐烂水果和变质蔬菜。以前没有发生过这种事情吗？当然发生过，但那是在较小的程度上。水果变质的零售商会遭受财富损失，这使得他将来更加小心；如果他没有更加注意，那么这必将导致他在经济上消失。他离开生产管理岗位，转到经济生活中他不再能够造成伤害的岗位。处理国家经营的贸易物品是另外一种情况。在这种情况下，货物后面没有自身利益，官员管理的职责很分散，没有人特别关心一个小的不幸事件。

储蓄进行,而储蓄者有从储蓄资本中获得作为储蓄奖励的收入的动机。在共产主义社会,社会将像这样得到今天资本家单独得到的收入;它将平等地把这个收入分配给所有成员,或者为了整体的利益使用它。仅此会是储蓄的充分动机吗?要回答这个问题,人们必须想象社会主义国家的社会每日面临着这样的选择:自己是更多投入消费品的生产还是更多投入资本品的生产,是应该选择实际上花费较少时间但相应收获较少产出的生产过程,还是选择花费较多时间但也会带来更大产出的生产过程。自由主义者认为,社会主义社会将总是选择较短的生产期间,将喜欢生产消费品而不是资本品,将消耗从自由社会继承而来的生产手段,最多是保持它们,但绝不会增加它们。然而,这就意味着社会主义将带来停滞——如果不是我们整个经济文明的衰落的话——并给所有人带来不幸和匮乏。国家 158 和城市已经大规模地实施投资政策并不能推翻这一论断,因为它们完全用自由主义制度的手段从事这种活动。这些手段通过借贷发起,就是说,它们由希望自己的资本收入可以因此增加的私人提供。然而,如果将来社会主义社会面临这样的问题:是提供给其成员更好的食物、衣服和住房,还是在所有这些事情上进行节约,为了后代建造铁路和运河、开矿、进行农业改良,那么它会选择前者,即使单单基于心理和政治上的理由。

第三种对社会主义的反对是著名的马尔萨斯的论证。人口据说具有比生活资料更快增长的倾向。在基于私人所有权的社会秩序中,每个人只能抚养有限数量的孩子这一事实,限制了人口的增长。在社会主义社会中,对人口增长的这个阻碍没有了,因为不是个人而是社会必须负责抚养新一代。那么,人口增长很快就会发生，注定给所有人带来匮乏和不幸。①

这些是对社会主义的异议，每一个人在站在社会主义一边之前都要着手解决。

社会主义者寻求把每一个和他们观点不同的人贴上"资产阶级经济学家"的标签，称他们是其特殊利益与大众利益对立的阶级的代言人，这根本构不成对上述针对社会主义的异议的反驳。有产者的利益与整体利益对立首先必须要被证明，这恰恰是全部争论应该围绕的。

自由主义学说始于这个事实：依赖于生产手段私人所有的经济秩序消除了私人利益和社会利益的对立，因为每个人追求其恰当理解的自利会确保最大程度地获得公共福利。社会主义想建立一个
159　排除了个人自利、自私的社会秩序，每个人都直接服务于公益。现在社会主义者的任务是证明以什么方式可以实现这个目标。就连社会主义者也不能怀疑个人的特殊利益与整体利益之间存在基本的、直接的对立，他必须也承认劳动秩序不可能单独依靠绝对命令，就像不可能依靠刑法的强制力。然而，截至目前，社会主义者甚至未曾只是试图证明如何跨过特殊利益和公共福利之间的鸿沟。然而，社会主义的反对者与谢夫莱*一起，恰恰认为该问题是"决定性的，但是到目前为止是悬而未决的一点，长远来看所有的事情都取决于

---

① 尽管社会主义者很少屈尊对上述前两个论点做出回应，他们却全力以赴地对付马尔萨斯定律。在自由主义者看来，可以肯定，他们没有驳倒定律得出的结论。

* 阿尔伯特·谢夫莱（Albert Schaffle）(1831—1903)，新历史学派代表，德国经济学家，19世纪后半叶德国财政学三大巨星之一。在其《赋税政策原理》及《赋税论》等书中，根据国家有机体学说，谢夫莱阐述了他的税收理论。其代表作《社会主义精髓》(1874)被译为多国文字。——中文版译者注

它，从经济的角度来看，社会主义的胜利和失败，它对文明是改革还是摧毁，取决于它"。[①]

马克思主义的社会主义把旧社会主义称为乌托邦，因为旧社会主义试图从头脑里建构新社会的因素，因为它寻求道路和手段去实现人为的社会计划。与此相反，马克思主义应该是科学的共产主义。它在资本主义社会的发展规律中发现了新社会的因素，但是它不构建未来国家。它认识到，无产阶级由于其生活条件，能做的只是最终战胜每一个阶级对手并从而实现社会主义；然而，它不像空想家那样寻找慈善家，慈善家们乐意通过引进社会主义让世界变得更美好。如果人们想从中看到科学和乌托邦的区别，那么马克思主义的社会主义对其称号的主张就是正确的。然而，人们也可以在另外的意义上进行区别。它继续存在的前提假设是，人类不会追求与大众利益对立的任何特殊利益。[②]一次又一次，当这一异议向社会主义者们提出时，他们就会援引下述事实，不管是今天还是社会的早期阶段，大量的工作——常常就是最高质量的工作——实际上是为了其本身和为了共同体进行，而不是为了工作者的直接利益。他们会举出研究者不知疲倦的努力、内科医生的牺牲、战场上战士的行为。近年来，人们可以反复听到，士兵们在战场上的伟大事迹被仅仅解释为对事业的纯粹奉献、崇高的牺牲意识，或者最差也是追

160

---

① 参见 Schäffle, *Die Quintessenz des Sozialismus*, 18th edition (Gotha: 1919), p. 30。

② 可以在考茨基那里看到马克思主义者是如何轻易忽视这个论点的："如果社会主义是一个社会必然，那么如果它与人类本性发生冲突，将是后者会让事情更糟，而不是社会主义。"下面这本书的序言: Atlanticus [Ballod], *Produktion und Konsum im Sozialstatt* (Stuttgart: 1898), p. xiv。

求与众不同，但是永远不会追求私人收益。然而，这一论证忽视了通常的经济工作与那些特殊现象之间存在的基本区别。艺术家和研究者在工作本身提供的快乐中得到满足，在他们希望某一天会收获的认识中得到满足，即使或许仅仅从后代那里，甚至不计较物质上的成功。内科医生在瘟疫地区、士兵在战场上不仅压抑他们的经济利益，而且压抑他们的自我保护动力；甚至单独这些就表明，这些不是事情的常规状态，只是暂时的、例外的状态，从中得不出意义深远的结论。

社会主义对待自利问题的方式清楚地指出了其起源。社会主义来自知识分子圈子，其摇篮边站着诗人、思想家、作家和学者。它并不否认来自这些阶层，他们甚至仅出于职业的理由也会关心理想。它是非经济的人们的一个理想。因此，在其拥护者中各种作家
161 和学者总是数量很大的代表，并且它总是可以指望得到官员的基本认可。

在对待社会化问题上，官员所特有的观点非常清楚。从官僚的观点来看，社会化仅仅涉及管理和行政技术的问题，只要人们给予官员更多的行动自由就很容易解决。社会化可以得以实现，而不用担心"消除了私人商业管理成功所依赖的自由创新和个人负责"。[①]实际上，个人的自由创新在社会化经济中不可能存在。认为通过某种组织措施甚至在社会化企业中为自由创新留出空间，自由创新就可能存在，是一个致命的错误。缺乏自由创新并不缘于组织的缺

---

① 参见 Bericht der Sozialisierungskommission über die Sozialisierung der Kohle, *Frankfurter Zeitung*, 12 March 1919。

陷，而是根植于社会化企业的本质。自由创新意味着冒险去赢，意味着在非赢即输的博弈中下赌注。所有的经济活动由这种风险任务组成。每一个生产行为，商人和生产者的每一次购买，每一次延期销售，都是这样的风险任务。企业中每一次可观的投资或改变更是如此，更不用说新资本的投入。资本家和企业家一定要冒险，他们不可能做别的事，因为不承担风险他们就不可能保持他们的财产。

任何一个可以处置生产手段但却不是其所有者的人，不像所有者那样，他既没有损失的风险，又没有获利的机会。官员或职员无须害怕损失，由于这个原因他不可能被允许像所有者那样自由、不受限制地行动。他必须以某种方式被限制。如果他可以不受限制地进行管理，那么他简直就是所有者。把准备承担个人责任放在非所有者身上就是文字游戏。所有者并不是简单地准备承担责任，他实际上真正承担责任是因为他感受到自己行动的后果。公务员可能非常愿意承担责任，不过除了道义上外他永远不能承担责任。然而，人们给他施加越多的道义责任，就越束缚他的创新精神。社会化问题不可能通过行政部门指令和机构改革得以解决。

162

三、中央集权社会主义和工团社会主义

我们的经济发展是否已经"成熟"到了进入社会主义的问题，起源于生产力发展的马克思主义思想。社会主义只有在其时间到来时才可以实现。一种社会形式在发展所有其能够发展的生产力之前，是不可能消亡的；只有那时它才会被另一种更高级的社会形式代替。在资本主义走完自己的历程前，社会主义不可能接过它的遗产。

马克思主义喜欢把社会革命比作诞生。早产就是失败，它会导致新生命的死亡。[①] 从这个观点来看，马克思主义者会探究布尔什维克试图在俄国建立社会主义联盟是否是早产儿。对于视资本主义生产模式和重工业发展到一定程度为社会主义出现的必要条件的马克思主义者来说，理解为什么社会主义恰恰在小农经济的俄国而不是高度工业化的西欧或美国取得胜利，这确实一定是很困难的。

这种或那种生产部门是否成熟到可以社会化，是不一样的问题。该问题通常说来以这种方式提出，提出该问题的人基本承认社会化企业一般比私人所有企业产出较少，因此，只有那种较低生产力不会造成更多不利的特殊生产部门应该社会化。这样，矿山尤其是煤矿被解释为已成熟到可以社会化。根据这种观点，人们可以明显得出这种结论，经营矿山比经营比如说一家生产时装的工厂更容易；人们明显相信开矿只涉及开发自然资源，就连笨重的社会主义企业都可以管理。此外，当其他人认为这样的大型工业企业首先全部成熟得可以社会化时，他们是根据下述思想认为，在已经是某种程度官僚机构运营的大企业内部，社会化的组织前提条件已经具备。这个思想具有严重的谬误。为了证明特殊企业社会化的必要性，表明社会化对它们伤害很小是不充分的，因为即使它们确实比在私人企业管理下表现得差，它们这时仍然不会失败。任何不相信

---

　　① 参见 Kautsky, *Die Soziale Revolution*, loc. cit., I, pp. 13 ff.。

社会化会带来生产率的提高的人，就会前后一致地认为任何社会化都是错误。

许多作家的主张建立在这个思想上：战争拖后了我们的发展，因此进一步推迟了进入社会主义的成熟时间。我们也可以在该思想中发现对社会主义社会秩序经济低生产率的隐含承认。因此，考茨基说："社会主义是现代文明中的大众福利，只有通过资本主义带来的生产力的巨大发展、通过它创造的集中在资产阶级手中的巨大财富才变得可能。通过愚蠢的政策（或许是一场不成功的战争）浪费这些财富的国家，从一开始就没有为在所有阶级中最快地扩散这些财富提供一个有利的出发点。"[①] 然而，不论是谁（比如考茨基）期望社会主义生产能够有翻几番的生产率，一定会在我们由于战争变得更穷了的事实中看到加速社会化的又一个理由。

自由主义者在这方面更前后一致。他们不等待另一种生产模式，或许是社会主义的模式，来使世界成熟到进入自由主义；他们视进入自由主义的时间为随时随地，因为通常和毫无例外，他们坚持基于生产手段私人所有和生产者自由竞争的生产模式的优越性。

国家和城市的公共所有权措施清楚明显地表明了企业社会化一定会采取的道路。人们甚至可以说，德国国家和城市的行政管理对此做法再熟练不过，这已经实施了好多年。对于行政管理技巧，社会化并不陌生，现在到处开工的社会主义政府只需继续他们的国家和社区社会主义前任已经做过的事情。

164

---

① 参见 Kautsky, *Die Diktatur des Proletariats*, second edition, (Vienna: 1918), p. 40。

当然，新的掌权者和他们的追随者对此一句也不想多听。今天激烈要求最快实现社会主义的大众，把社会主义想象为与国有和市属企业的扩展截然不同的东西。确实，他们反复从他们的领导那里听到，公共企业和社会主义没有一丝相同。然而，如果不是国有或者市属所有权，社会化应该是什么没有人可以说清楚。[①]社会民主党如今痛苦地遭到了它以前所酿苦果的报复，即它几十年如一日地投入蛊惑人心的日常政治，而不是为了最终胜利的坚持原则的政治。事实上，社会民主党早就放弃了中央集权社会主义，在日常政治中，它越来越变得工会取向、工团主义，以及马克思主义意义上的"小资产阶级"。今天，工团主义提出了自己的要求，这与中央集权社会主义的纲领存在不可调和的矛盾。

这两种取向有一个共同点：它们都想使工人再次成为生产手段的所有者。中央集权社会主义通过使整个世界或者至少整个国家的工人阶级成为生产手段的所有者实现它；工团主义者想要使单个企业或者单个生产部门的劳动力成为他们使用的生产手段的所有者。中央集权社会主义的理想至少是可以讨论的；工团主义的理想则是荒唐的，人们无须为此浪费口舌。

自由主义伟大的思想之一就是它让消费者利益单独计算，而不考虑生产者利益。如果不能带来价廉物美的供应，生产就不值得维

---

① 恩格斯提到"生产或者交通和通信工具已经事实上超出公司控制，从而国家所有权在经济上已经变得不可避免的案例"(*Herrn Eugen Dührings Umwälzung der Wissenschaft*, seventh edition [Stuttgart: 11910], p. 299 n.)，按照恩格斯的说法，国家所有权意味着经济进步以及"社会本身拥有生产力达到了新的阶段，甚至在今日国家实施它的时候"。

持。没有生产者因为生产条件的变化不利于自己作为生产者的利益，就被认为有权反对这种变化。所有经济活动的最高目标是以最小成本取得需求的最好和最充分的满足。

这一立场从如下考虑中逻辑有力地得出来：所有生产只为消费进行，生产从来不是目标而只是手段。指责自由主义只考虑消费者的观点而轻视劳动，是非常愚蠢的，不值一驳。把生产者的利益凌驾于消费者利益之上，这是反自由主义的特征，仅意味着人为地努力维持被不断的进步证明为低效的生产条件。当受保护小集团的特殊利益与其他大众冲突时，这样的制度似乎是可以讨论的，因为特权一方从其作为生产者的特权所得的超过另一方从其作为消费者所失的；当这被提高到一个一般原则时就变得荒唐了，因为这时每一个个人作为消费者失去的远远多于其作为生产者能够得到的。生产者利益对消费者利益的胜利，意味着离开了理性的经济组织形式，并阻碍所有的经济进步。

中央集权社会主义对此一清二楚。它与自由主义联手反对所有传统的生产特权。它从如下观点出发：在社会主义联盟中不再有任何生产者利益，因为每个人都承认仅有消费者利益值得考虑。这一假设是否合理此处不做讨论；显而易见的是，如果它不适用，社会主义不可能是它所自称的那样。

工团主义有意把工人作为生产者的利益放在最显著的位置。使工人集团成为生产手段的所有者（虽然没有明白说但实际上是）时，它并没有取消私人财产。它也没有保证平等。它确实消除了现存的分配不平等，但是引入了新的不平等，因为投入单个企业或者生产部门的资本价值一点儿没有与它们雇用的工人数量相一致。

他所在的企业或者生产单位雇用的工人越少、利用的物质生产手段价值越大，每个工人的收入就应该越高。工团主义组织起来的国家不是社会主义国家而是工人资本主义国家，因为单个工人集团是资本的所有者。工团主义使得所有的生产整合不可能，它没有给经济进步留下一丝余地。就其整个智力特征而言，它适合农民和工匠的时代，当时经济关系是相当静止的。

　　卡尔·马克思的中央集权社会主义曾经战胜蒲鲁东和拉萨尔，在最近几十年的发展过程中，逐渐被工团主义推到后台。两种观点的斗争，公开地采取政党组织和工会组织之间斗争的形式，幕后则表现为工人阶级中产生的领导与知识分子领导的斗争，斗争以工团主义的全面胜利结束。党的领导的理论和作品仍然公开地穿着中央集权社会主义的外套，但是党的实践逐渐变得工团主义，在大众的意识中排他地存在着工团主义意识形态。中央集权社会主义理论家没有勇气——出于策略考虑，因为他们想避免两种立场的公开决裂，比如在法国——采取坚定的立场去反对工团主义政策；如果他们鼓起勇气这么做，他们会毫无疑问地在这场斗争中被击败。在许多方面，他们直接促进了工团主义思维方式的发展，因为他们攻击在国家社会主义领导下向中央集权社会主义的发展。他们不得不这么做，一方面是为了在他们的立场与威权主义国家的立场之间做明确切割，另一方面是因为国有和市属所有权造成的那些经济失败毕竟变得广为人知，这对于追随模糊社会主义理想的大众的火热激情是危险的。如果有人一再不断指出，国有铁路和城市照明工程绝不是实现未来国家的第一步，那么他就不可能教育大众支持中央集权社会主义。

　　工人们由于引进改善的工作方法而失业时，设法破坏新机器的正是工团主义。工人破坏活动是工团主义的；不过归根结底，每一次罢工也是工团主义的；要求引入社会保护性关税也是工团主义的。总之，所有那些社会民主党由于害怕失去对工人阶级的影响而不想放弃的阶级斗争方法只会刺激大众的工团主义本能——马克思会称之为"小资产阶级"。如果中央集权社会主义今日有任何追随者，这不是社会民主党而是国家主义鼓动的成就。国家和市政社会主义通过把社会主义付诸实践为中央集权社会主义做了宣传，学术社会主义则为之提供了书面的宣传。

　　今天在我们眼前发生的事情当然既不是中央集权社会主义也不是工团社会主义；它根本不是生产组织，也不是分配组织，而是对手头的消费品的分配和消费，对手头的生产手段的消灭和破坏。无论什么仍在生产的东西由仍被允许存在的自由经济残余进行生产；今天不论社会主义渗透到什么地方，都不再有生产的问题。这一过程发生的形式是多方面的。罢工使企业关闭，在工作继续开展的地方，工人们故意放慢生产使得产出只有很少。通过高税收，通过甚至在没有工作时强迫企业家支付高工资给工人，企业家被迫消耗其资本。在同一方向起作用的是通货膨胀政策，正如所展现的那样，该政策掩盖并从而促进资本消耗。工人们的破坏行动和当局不适当的干预破坏了生产工具，完成了战争和革命斗争开启的工作。

　　在所有这种破坏中，仅仅农业维持下来，首先是小农场。在这种环境下，农业也遭受严重冲击，许多运营资本也已经被消耗，更多的运营资本正在被消耗。大单位很可能被社会化，或者分解为小农场。无论如何，除了对它们资本的损害，它们的生产力也因此遭受损失。尽管如此，相比工业生产工具遭到的更加糟糕的解体，农业所遭到的破坏还是相对较轻的。

社会合作精神的消亡，构成了我们眼前发生的社会革命过程的本质，它一定在工业、交通和贸易（简言之，在城市）方面和在农业方面引起不同的后果。没有这种精神，一条铁路、一家工厂、一座矿山简直不可能运营，劳动分工和劳动协调依赖这种精神。在农业方面则不是这样。如果农民退出交换，把生产转回到自给自足的家庭经济状况，他确实比以前生活得差一些，但是不管怎样能够维持生活。这样我们看到农民阶级变得越来越自给自足。农民重新开始生产他希望家庭消费的所有东西，而削减他为满足城市居民的需要进行的生产。①

这对城市人口的未来意味着什么是很清楚的。德国和奥地利德意志人的企业已经失去了大部分外国市场，现在也正在失去国内市场。当车间的工作重新开始时，农民们将面临着对其而言从国外获得物美价廉的工业产品是否更有利的问题。德国农民将再次成为自由贸易者，就像他们近四十年前那样。

这一过程在德国继续发展而不遭受中断几乎是不可想象的，因为它确实就意味着德国城市文明的衰退和数百万德国城市居民的慢性饥饿。

如果革命的工团主义和破坏不会局限于德国而扩展到全欧洲甚至美国，那么我们就将面临仅有古代世界的坍塌可比的大灾难。

---

①　这在奥地利德意志人身上表现得特别正确。在德意志帝国目前情况还有所不同。

古代文明也建立在意义深远的劳动分工和劳动协调上；古代文明也（即使是有限的[①]）运作着自由原则，这产生了伟大的物质和精神文化的繁荣。当把整个系统联系在一起的无形的纽带——社会合作精神消失时，所有这些都消失了。在垂死的罗马帝国，也是城市人口减少，没有土地的人陷入穷困，任何人都想尽办法搬到农村以逃避饥饿。[②]接着，表面上伴随着最严重的货币制度动乱，发生了货币经济逆转到物物交换经济、交换经济逆转到非交换经济的过程。现代过程不同于古代文明的衰落仅在于，过去数个世纪发生的事情如今会以无比迅速的速度完成。

四、社会主义帝国主义

旧社会主义者是民主的对手。他们想用他们的计划使整个世界高兴，对于抱有其他观点的任何人都很不耐烦。他们最喜欢的国家形式是开明专制主义，他们总是暗自梦想自己居于开明专制者的位子。意识到他们既不能占据这个位子，也不能得到它，他们就寻找准备采纳他们的计划并成为他们的工具的专制者。其他社会主义者，也有着寡头政治的头脑，想使世界被包括真正的上流社会人士（按他们的观点）的贵族统治。在这一点上，是否这些贵族应该是柏拉图的哲学家、教会的牧师或者圣西门的牛顿理事会并不重要。

马克思在这个方面有完全不同的解释。无产阶级构成了人口

---

① 我们也从未真正有过"自由竞争"。

② 晚期罗马的法律来源方面的大量文献。可参见，1. un. C. Si curialis relicta civitate rus habitare maluerit, X, 37。

的绝大多数。不过，他们全部有必要成为社会主义者，因为意识由
社会存在决定。这样，社会主义就与之前所有的阶级斗争形成对
比：之前的阶级斗争是少数人或者为了少数人利益的运动，而社会
主义是历史上第一次绝大多数人为了绝大多数人利益的运动，由此
断定民主是实现社会主义的最好方式。民主社会主义发现其基础
主要在德国、奥地利和俄国这些尚未实现民主的国家，这是建立民
主社会主义的真正基石。在那里，民主纲领是每一个反对党平淡无
奇的纲领，必然也是社会主义的纲领。

170　　当然，布尔什维克在俄国的统治依赖掌握政府机构的程度，与
罗曼诺夫王朝曾经做的一样。

　　像无产阶级专政的拥护者断言的那样，德国在无产阶级专政下
击败资产阶级对于生产手段社会化的抵抗不成问题。如果农民小
农场的社会化事先已经放弃了，也允许继续收取小额股息收入，就
像今日社会主义打算的那样，那么在德国就不要指望对社会化的任
何抵抗。能够找到的抵抗社会主义的力量只有自由主义思想，而自
由主义思想在德国从来没有很深的基础——今天德国只有不超过十
几个人信奉自由主义。基于私人利益的观点去抵抗社会化（虽然是
正确的）从来没有成功的希望，更不用说在一个工业和商业财富对
广大群众来说似乎是罪行的国家。在德国，征用工业、矿山和大块
土地以及消除贸易是当前绝大多数德国人民的强烈要求。为了落
实社会化，根本不需要专政。社会主义在当下可以依靠广大群众。
它不必害怕民主。

　　德国经济今天处于能够想象的最困难的地步。一方面，战争
破坏了巨大的财产价值，给德国人民加上了赔偿对手巨额债务的义

务；另一方面，它也使人清醒地意识到德国人口相对过剩的事实。每一个人今天务必认识到，对于德国工业来说，战后同工资水平没有锐减的外国工业竞争，即使有可能，也是极度困难的。几十万甚至上百万德国人今天眼看着他们的小额财产日复一日地销蚀掉。那些几个月前还自认为富裕的人，那些被成千上万的人嫉妒并作为"战争成功者"在公共场所一点儿也享受不到关爱的人，他们何时消耗完他们表面财富的可怜剩余沦为乞丐今天指日可待。独立职业者眼看着他们的生活标准日益下降，却没有改善的希望。

处于这个地步的人们陷于绝望并不让人惊奇。对于整个德国 171 人民日益增长的不幸来说只有一个解决方法，即尽快重新工作，并通过改善生产过程尽力弥补德国经济所受到的伤害。说出这样的话很容易。但是，对于一个被灌输了几十年的权力思想、其渴望力量的本能被长期战争的恐惧所唤醒的民族来说，在这次危机中首先寻求诉诸权力政治是可以理解的。斯巴达克同盟者（德国共产党的前身）的统治继续着容克地主的政策，正如布尔什维克的统治继续着沙皇统治的政策一样。

为便于克服当下的经济困难，无产阶级专政会征收有产阶级手中的消费品。它是代价高昂的，这不是社会主义，没有社会主义理论家鼓吹过它。通过这种途径，人们只能糟糕地并仅短期内掩盖社会主义基础上的生产面临的困难。从国外进口食品可以在一段时间内通过销售外国证券和出口艺术品及珠宝提供资金。不过迟早，这种手段一定会失败。

一旦从资产阶级手中夺走财产，所有公开批评的可能性都被取消，据信社会主义就永久建立起来了。当然不能否认，以这种方式可以做许多事情，首先，所有欧洲文明可以这样被摧毁，但是这样建立不起来社会主义的社会秩序。如果共产主义社会秩序比依赖生产手段私人所有权的秩序更不适合带来"大多数人的大多数幸福"，那么即使使用恐怖主义措施也不可能消灭自由主义思想。

172　　在宣传上，现代社会主义并不作为一种理性主义要求出现；正是经济政策的立场使它作为一种救赎的学说呈现。作为一种经济政策思想，它本来必须在知识领域与自由主义竞争，它本来必须努力在逻辑上驳倒其对手的主张，扭转他们对自己学说的反对。个别的社会主义者这么做了。然而总的来说，社会主义者几乎不烦劳自己对两种构想的社会生产制度的优劣进行科学讨论。他们宣布社会主义纲领是一种救赎的学说。他们把所有尘世的苦难看作资本主义社会秩序的表现，并允诺实行社会主义就会消除一切痛苦。他们让资本主义经济为过去和当前的所有不足之处负责。在未来的国家里，所有的渴望和希望都会得到满足；在那里，劳累的人得到休息，不高兴的人变得高兴，发育不充分的人变得强壮，病人得到痊愈，穷人变得富有，禁欲者得到享受。在未来的国家里，劳动会成为一种乐趣，而不是一种痛苦。在未来的国家里，一种"资产阶级"艺术想象不到其宏伟壮丽的艺术将繁荣起来，一种将不留残余地解决宇宙所有谜团的科学将繁荣起来。所有的性饥渴将消失，夫妻之间相互给予对方前人做梦也想不到的爱的幸福。人性将经历一个彻底的转变，它将变得高贵和纯洁无瑕，智力上、道德上和肉体上的缺陷将远离人类。

　　空想家们，首先是傅立叶，不满足于描述现世的安逸生活。马克思主义最严格地禁止对未来国家的每一个素描。但是这种禁止仅指对社会主义国家的经济的、政府的和法律秩序的描述，它是一种控制性的宣传策略。由于未来国家的安排处于神秘的朦胧状态，社会主义的反对者就被剥夺了批评它们或者证明它们的实现绝不可能在地球上创造一个天堂的机会。相反，描绘财产社会化讨人喜欢的后果则绝不会被马克思主义所禁止，因为这显示了它得以实现的途径和手段。通过一次又一次地把所有现世的罪恶作为资本主义社会秩序必然的伴随物，进一步宣称未来的国家里不会有这些罪恶，在它允诺带来幸福的乌托邦描绘中，它胜过了最有想象力的乌托邦小说作家。故弄玄虚的告知和神秘的暗示要比公开的解释效果强得多。173

社会主义作为一种救赎学说出现，使得它反对自由主义的斗争变得容易。任何寻求理性地反驳社会主义的人，遇到的大多数社会主义者不是像他希望的那样进行理性考虑，而是并非出自经验的对社会主义救赎的信仰。毋庸置疑，人们也可以理性地捍卫社会主义。然而，对其广大信徒来说，它就是一个救赎的学说；他们信奉它。对那些宗教福音书对其失去吸引力的人来说，它取代了信仰，是生活苦海中的安慰和希望。面对这种坚定的信仰，所有理性主义者的批评都无效。任何想对这种社会主义者进行理性反驳的人都会发现，被批评者同样缺乏思维能力。

基督的王国不是这个世界的；与之相反，社会主义想在人世间建立救赎的王国。这里蕴藏着它的力量，然而这里也包含着它的弱点。即使社会主义生产方法真的能够提高生产力，比自由主义方法能够为所有人提供更大的福利，它也可能使其追随者痛苦地失望，因为这些追随者指望从社会主义中得到内心幸福感的最大提升。

马克思主义是一种进化论。甚至"革命"这个词在历史唯物主义的意义上就有"进化"的含义。"革命"一词是指其狭义。除了资本主义生产方式的矛盾变得愈发明显从而在不远的将来招致推翻资本主义的革命，它不可能承认进化以任何其他途径正在接近社会主义。如果它一直愿意承认进化将导致逐步实现社会主义，那么它就要不得不尴尬地解释为什么它的救赎预言没有也一步步在某种程度上实现。由于这个原因，如果马克思主义不想放弃其最强的宣传策略——救赎的学说，它必然一定保持革命性；由于这个原因，不顾所有的科学，它一定紧紧抓住其不断增长的不幸和崩溃理论。由于这个原因，它不得不拒绝伯恩斯坦的修正主义；由于这个原因，它不让其正统信仰发生丝毫动摇。

然而现在，社会主义是胜利者。履行诺言的日子即将来到了。数百万人翘首以待，要求得到期待中的救赎。他们要求富裕，要求幸福。现在，其领导人要来安慰广大群众说，或许要到几十年或者几百年后，勤奋劳动才会得到回报，而内心的幸福永远不会通过外在的手段得到吗？然而，他们是如何因为自由主义向穷人推荐勤奋和节俭而斥责自由主义的！他们又是如何嘲笑那些不把所有尘世的艰难归因于社会安排的缺陷的学说的！

社会主义只有一种途径摆脱这种地步。不考虑它掌握权力的事实，它必须仍尽力表现为一个受压迫和迫害的团体，敌对力量阻碍它推行其纲领的核心部分，这样就把预言的幸福国家没有出现的责任转嫁给其他人。然而，与此同时，同救赎大众的敌人进行斗争就成为社会主义联盟不可避免的必然。它一定在国内血腥镇压资产阶级，它一定对尚不是社会主义的外国持进攻态势。它不可能等着外国人自动地转向社会主义。因为它只能通过外国资本主义的阴谋来解释社会主义的失败，所以它有必要得出一个进攻性的社会主义者国际的新概念。社会主义只有在整个世界都变成社会主义者时才能够实现，一个孤立的单一国家的社会主义据说是不可能的。因此，每一个社会主义政府必须立即关心社会主义向外国的扩展。

这是一种同《共产党宣言》中的国际主义完全不同的国际主义。这样构想的国际主义不是防守性的而是进攻性的。然而，为了帮助社会主义思想取得胜利，它应该使社会主义国家有能力很好地安排它们的社会，用它们的榜样吸引其他国家模仿它们。不过，对于社会主义国家来说，攻击所有的资本主义国家是极其重要的必然。为了在内部维持自身，它必须在外部变得具有侵略性。在它社会化整个世界之前，它不可能停下来。

社会主义帝国主义的经济政策也同样十分缺乏基础。很难明 175
白为什么一个社会主义联盟不能通过与外国贸易获得所有它不能自己生产的商品。确信共产主义生产具有较高生产力的社会主义者最不该反驳这一点。①

社会主义帝国主义在范围和深度上超过了每一个早期的帝国主义。引起它出现、根植于社会主义救赎本质的内部必然性，驱动它向各个方向基本没有边界地扩展。在它征服全部人类世界之前，在它消除其他形式的人类社会的一切记忆之前，它不可能停下来。

---

① 请注意，在 1918 年以前，对于只有世界社会主义才是可能的社会主义的论点，马克思主义文献的论证是多么贫乏。

每一个早期的帝国主义一旦遇到它无法克服的扩展障碍, 就不能再进一步扩张了。社会主义帝国主义不会这么做。它会把这些障碍不仅看作向外扩张的困难, 而且看成它在国内发展的困难。它一定会去努力消灭它们, 否则它自身就会消失。

结 论 性 评 论

　　理性主义的功利主义在原则上既不排除社会主义也不排除帝国主义。理性主义的功利主义只能提供一个观点，人们据此可以比较和评价社会秩序各种可能性的利弊；从功利主义的观点出发，可以想像，人们可以成为社会主义者甚至帝国主义者。但是任何人一旦接受了这种观点，就会被迫理性地提出其纲领。所有的怨恨、每一项由情感催生的政策以及所有神秘主义从而都被拒绝，不论它是否披着种族信仰或者其他救赎福音书的外衣。政策的基础可以争论，在理性的基础上赞成或反对。即使不能对最终目标以及实现它们的手段选择（尽管更少见）均达成一致，因为他们的评价依靠主观感情，所以人们也一定通过这种方式极大地缩小了争论的范围。当然，许多理性主义者希望还能走得更远些。他们认为，每一个争论都可以通过理智方法解决，因为所有分歧的产生都只是出于错误和知识的不充分。然而，在这样假设时，他们已经预先假定恰当理解的个人利益可以调和的论点了，而恰恰是帝国主义和社会主义实际上对此有争议。

　　整个 19 世纪具有与理性主义斗争的特征——理性主义的支配地位在开始时是无可争辩的。甚至它关于所有民族的思维方式都基本相似的假设也受到攻击。德国人一定与英国人思维不同，长头

颅的人与短头颅的人不同，"无产阶级"的逻辑与"资产阶级"的逻
177 辑相对立。*理性被剥夺了能够决定所有政治问题的特性；感情和本
能必须向人类展示他们前行的道路。

　　理性政策和理性经济管理已经极大丰富了个人和国家的生活。
这会受到忽视，因为人们总是仅关注生活在自由经济已经胜利的领
土之外的穷人，而且因为现代工人的命运总是被拿来与富人们的命
运相比，而不是将两者的命运与他们的先人相比。现代人永远不满
足于其经济地位，他期望事情变得更好，这是事实。然而，正是这
种永不停息的对更多财富的追求是我们发展的动力；不破坏我们经
济文明的基础，人们就不可能消灭这种动力。农奴的满足——当他
没有挨饿、他的主人没有体罚他时，他是快乐的——并不是事物的
理想状态，而对于事物理想状态的逝去人们是会哀悼的。

　　然而，同样是事实的是，外在财富的增长并不对应内心体验的
充盈。现代城市居民比伯里克利时代雅典的公民和普罗旺斯的骑
士游吟诗人更加富有，但是，他的内心体验却在机械的运转和其闲
暇时光的肤浅消耗中耗尽了自己。从松树火把到白炽灯是一个巨
大的进步，从民歌到流行歌曲是悲哀的退步。令人安慰的是人们开
始意识到这种缺乏。仅此就蕴含着未来文化的希望，这种文化将把
以前的一切比下去。

　　然而，对内心贫瘠的反应不应该是责难外部生活的理性化。浪
漫主义者渴望野外探险，渴望反抗并挣脱外部的束缚，这本身是内部

　　　* 米塞斯批评这种观点为"多逻辑主义"——不同的团体、种族和阶级思考和推
理的方法也不同，他们使用不同的逻辑。见上文，及米塞斯的主要经济学著作 *Human
Action*, 4th ed. (Irvington-on-Hudson, N. Y., 1996)，pp. 75-89。——英文版编者注

空虚的表现；它执着于表面，并不追求深度。我们不能期望从外部经验的混杂中得到信仰。个人必须亲自在自身内部寻找从外部无望得到的满足。如果我们选择把政治和经济交给帝国主义、怨恨和神秘感情，那么我们实际上外在会变得更加贫穷，而内心也并不会更加充盈。

好战行为确保一个人深深满足于抵抗外部危险，这种满足由所有力量的最大张力所唤醒。这不只是在变化的环境中变得麻木的冲动和本能的隔代遗传式的再次苏醒。内心幸福的感受不是被胜利和报复唤醒，而是被斗争和危险唤醒，它产生于这种活生生的感觉：紧急情况迫使个人进行力所能及的最高程度的应对，使他全身心地变得有效。① 伟大人物们的特征是内心驱动奔向最高成就，其他人则要求外部刺激来克服根深蒂固的惰性并发展自身。普通人永远享受不到创新人士全身心投入工作的幸福，除非特殊情况也给他提供了要求全身心的投入并对此做出回报的任务。这里是所有英雄主义的源头。不是因为个人对死亡和伤痛有甜蜜的感觉，而是因为，在创造功业的令人着迷的经历中，当他攻击敌人时他把死亡和伤痛抛到了脑后。勇敢是健康和力量的散发，是人类本性对抗外部逆境的爆发。攻击是最原始的主动。在其感情上，人始终是一个帝国主义者。②

178

---

① ……战争使力量显现，

它将一切事情上升到非凡，

甚至在懦夫身上创造勇气。（《墨西拿的新娘》）

② 这不是指意志薄弱的美学家对战争的赞颂，他们钦佩他们所缺乏的好战行为中的力量。这种写字台和咖啡屋帝国主义没有意义。它只不过是带着纸上热情的同路人。

游戏和运动提供了一种从自然的、感情的帝国主义中做出反应的尝试。现代功利主义的故乡英国同时也是现代体育的发祥地，恰恰是德国——其中又是大学青年这个阶层最厌恶功利主义哲学——自己远离体育活动传播的时间最长，这不是偶然的。

　　但是理性禁止放任情感。想把世界打成废墟，让浪漫的渴望尽情肆虐，这与最简单的深思熟虑相矛盾，无须对此多置一词。

　　一般称为 1789 年思想的理性政策被指责为不爱国——在德国就是非德意志。它不考虑祖国的特殊利益；除人类和个人外，它忘记了民族国家。人们只有认为，整体民族的利益作为一方与个人和人类的利益作为另一方之间存在不可逾越的鸿沟，才能理解这个指责。如果人们一开始认为恰当理解的利益是和谐的，那么人们就一点儿也理解不了这个异议。个人主义者永远不会明白，国家怎么能以其成员为代价变得伟大、富裕和强大，人类的福利怎么能阻碍单个民族的福利。在这个德国最低落的时刻，人们会提出这样的问题：通过坚持备受指责的自由主义的和平政策而不是霍亨索伦王朝的战争政策，德意志民族不会过得更好吗？

　　功利主义政策被进一步指责为仅瞄准物质利益的满足，忽视人类奋斗的更高目标。功利主义者被认为想到的是咖啡和棉花，由于这个缘故忘记了生活的真谛。在这种政策的支配下，所有人都被心浮气躁地追求低级的世俗快乐所俘获，世界会沉沦为粗俗的物质主义。没有比这种批评更荒唐的事情了。功利主义和自由主义要求把获得劳动的最大可能生产力作为政策的首要和最重要的目标，这是事实。但是，它们绝不是由于误解了人类存在不是在物质快乐中耗尽自身的事实而这么做。他们追求福利和财富不是因为他们从中看到了最高价值，而是因为他们知道，所有较高和内在的文化都以外在的福利为前提。如果他们否认国家具有进一步实现生命价值的任务，他们这么做不是缺乏对真正价值的尊重，而是认识到这些价值作为内心生活最有特点的表现，是外部力量的影响难以触及

的。不是出于无宗教信仰他们才要求宗教信仰自由，而是出于最亲
切的宗教感情，想使内心体验免于外在力量的任何强烈影响。他们
要求思想自由是因为他们把思想看得很高，从而不能将其交给地方
行政官和地方议会控制。他们要求言论和出版自由是因为他们认
为只有在与反对观点的斗争中才能期待出现真理。他们拒绝每一
个权威是因为他们相信人类。

功利主义政策确实是为了这个世界的政策。但是它为所有的
政策所固有。轻视精神意志的人不是想把精神意志从所有的外部
管制中解脱出来，而是想通过刑法和机关枪控制它。唯物主义思维
方式的指责并不适用于个人主义的功利主义，而适用于集体主义的
帝国主义。

随着世界大战的爆发，人类进入了一个空前的危机，历史上发 180
生的任何事都不能与之比较。以前有过大战，繁荣昌盛的国家消亡
了，整个民族灭绝了。所有这些都不能与我们眼前发生的事情相
比。在这个我们正在经历其开端的世界性危机中，世界上所有的民
族都被裹挟其中。没有人可以冷眼旁观，没有人可以说它发生的原
因不能结合其他因素来判定。如果在古代，强大的破坏性意志会遭
遇对它的限制，要么是破坏手段不充分，要么是被征服者有通过逃
跑逃脱迫害的可能性，那么在今天，战争、交通和通信技术的进步
使得失败方逃脱胜利方实施灭绝的判决变得不可能。

战争变得比以往任何时候都更加可怕和具有破坏性，因为发动
战争使用了自由经济创造的所有高度发达的手段。资产阶级文明
为了创造财富建造了铁路和电厂，发明了炸药和飞机。帝国主义把
这些和平的工具用于破坏工作。使用现代手段很容易一下子就把

人类抹去。卡利古拉(Caligula)*在可怕的疯狂中希望整个罗马人民只有一个脑袋以方便他打击。20世纪的文明使疯狂的现代帝国主义者实现相似的血腥梦想变得可能。通过摁一个开关，一个人就可以让数千人送命。不能使创造出来的外在手段远离那些对文明精神疏远的人之手，这是文明的宿命。现代的暴君比他们的前辈容易得多。控制了基于劳动分工的经济中思想和货物交流手段的人，要比以前的最高统治者有更坚实的统治基础。轮转印刷机很容易被控制住，任何人控制住它就不用担心只是口头或者手写文字的竞争。对宗教裁判所来说事情困难得多。在瘫痪思想自由方面，菲利普二世不会比一个现代的审查官更严厉。托洛茨基的机关枪要比罗伯斯庇尔的断头台有效得多！自从世界大战特别是世界革命爆发以来，个人受到了前所未有的欺压。人们不可能逃避当今的警察和行政管理技术。

181 　　对这种疯狂破坏只有一个外在的限制。在破坏人们的自由合作时，帝国主义削弱了其权力的物质基础。经济文明为帝国主义锻造了武器。在使用武器炸毁锻造厂、杀死铁匠时，它使自己在未来失去防卫。如果自由和财产消失，基于劳动分工的经济机制就不可能再生，更不用说扩展。它将逐渐死亡，经济将沉沦到原始形式。

---

　　* 全名盖乌斯·尤里乌斯·恺撒·奥古斯都·日耳曼尼库斯(12—41)，罗马帝国第三位皇帝，公元37—41年在位。卡利古拉是他的外号，意为"小军靴"，源于他儿时随其父屯驻日耳曼前线时士兵为他穿上的军靴。公元37年，皇帝提比略驾崩，卡利古拉经元老院认可成为皇帝。卡利古拉被认为是罗马帝国早期的典型暴君。他在位时期，建立恐怖统治，神化皇权，行事荒唐、暴虐。由于他好大喜功，大肆兴建公共建筑、不断举行各式大型欢宴活动，帝国的财政急剧恶化。后来，他企图以增加各项苛捐赋税来减缓财务危机，引起帝国所有阶层的怨恨。公元41年，被近卫军大队长卡西乌斯·卡瑞亚刺杀身亡。——中文版译者注

只有那时人类才能够更自由地呼吸。如果反思精神没有很快恢复，帝国主义和布尔什维主义将迟至它们从自由主义手中夺取的权力手段用尽时才会被战胜。

战争的不幸结果将几十万甚至上百万德国人置于外国统治之下，并把前所未闻的赔偿数额强加在余下的德国人身上。世界上建立了永久地把德国人排除在生产条件较好的地球部分之外的法律秩序。将来不允许德国人获得海外土地资源和生产手段的所有权，拥挤在一起的数千万德国人将不得不在德国少量的土地上勉强填饱肚子，而海外数百万平方公里的良田却荒芜着。德国人民的物资匮乏和不幸将在这个战后和平中显露出来。人口将减少；战前是地球上数量最多的民族之一的德意志民族，未来在数量上将比以往大为减少。

德国人民所有的思考和努力都必须是为了摆脱这种状况。有两种途径达到这个目标。一种是帝国主义政策的途径。军事上变得强大，一旦进攻的机会来临就重启战端——这是今天想到的唯一手段。这种途径究竟是否可行是存在疑问的。今天抢劫和奴役德国的国家非常多。它们运用的力量如此强大，因此它们会不安地盯着德国，阻止德国再次变得强大。德国可能发动的新战争会很容易成为第三次布匿战争，以德国人民的完全消失结束。但是，即使它会导致胜利，它也会给德国带来极大的经济不幸，这种成功不值得冒险；而且，危险仍然存在，德国人民在胜利的狂喜中会再次陷入无边无际的胜利疯狂，对他们来说这已经多次转变成灾祸，因为胜利可以最终再次只导致一场大崩溃。

德国人民可以采取的第二种途径是完全脱离帝国主义。只通过生产性劳动努力重建和平，通过国内的完全自由使个人和民族整体所有力量的发展成为可能——这是一条恢复生机的道路。除了使人们富裕并因此而自由的生产性劳动外，对帝国主义邻国对我们的压迫和去德国化的努力无动于衷，是一条比斗争和战争政策更能迅速和稳妥地达到目标的途径。被捷克斯洛伐克、波兰、丹麦、法国、比利时、意大利、罗马尼亚和南斯拉夫征服的德国人，致力于民主和自我治理——这最终会导致完全的民族独立——要比把希望寄托在武器的胜利上，会更好地保留他们的民族特征。

通过外在的武力手段致力于使德意志民族伟大的政策失败了。它不仅整体上削弱了德意志民族，而且使单个的德国人陷入痛苦和贫困。德意志民族从来没有像今天这样消沉。如果它现在再次崛起了，那么它可以不再以个体为代价争取整体的伟大，而是必须在个体幸福的基础上争取整体幸福的持久基础。它必须从目前采取的集体主义政策转变为个人主义政策。

在如今正在世界上到处树立自己权威的帝国主义看来，未来这种政策究竟是否可能是另一个问题。但是情况如果不是这样，那么毫不夸张地说所有的现代文明将面临衰败。

"最善良的人们不可能和平地生活，如果这样没有讨他的恶邻喜欢的话。"帝国主义迫使所有那些不想被征服的人拿起武器。与帝国主义战斗，爱好和平的人们必须使用一切可以利用的手段。如果他们在战斗中胜利了，他们可能事实上粉碎了敌人，但却被其方法和思维方式征服。他们此时不会放下他们的武器，他们自己会沦为帝国主义者。

英国人、法国人和美国人已经在19世纪摆脱所有征服的渴望，

使自由主义成为他们的首要原则。可以肯定，甚至在他们的自由主 183
义时期，他们的政策也没有完全摆脱帝国主义的偏向，人们不可能
把他们帝国主义思想的每一次成功都径直归功于防卫。但是毫无
疑问，他们的帝国主义从防止德国和俄国帝国主义的必要性中获得
了最大的力量。现在他们作为胜利者，不愿满足于胜利前他们为自
己设定的战争目标。他们久已忘记他们奔赴战场时携带的良好计
划。现在他们手握权力并不想让它溜走。或许他们认为，他们将为
大众利益行使权力，但是，所有掌握权力的人都是这么认为的。权
力本身就是邪恶的，不论谁行使它。①

但是，如果他们现在确实想采取我们已经遭受失败的政策，对
他们来说无比糟糕；对我们来说，我们仍然没有理由放弃对我们有
益的东西。我们要求平静、和平发展的政策，实际上不是为了他们，
而是为了我们自己。德国帝国主义者指责那些建议温和政策的人
是不爱国、同情外国人，这是他们最大的错误；历史进程表明他们
自己是多么地误会了。今天，我们最清楚帝国主义将走向何方。

如果复仇思想支配了德国未来的政策，这对德国和整个人类来
说都是最可怕的不幸。从《凡尔赛和约》对德国发展施加的桎梏中
解脱出来，把我们的民族同胞从奴役和匮乏中解放出来，仅此应是
德国政策的新目标。报复不公正的遭遇，进行复仇和惩罚，确实满
足了低级本能，但是在政治上，复仇者对自己造成的伤害并不比对
敌人少。世界劳动共同体基于所有参与者的互利。任何想要维护
和扩展它的人，都必须事先宣布放弃所有的怨恨。以自己的福利为

---

① 参见 J. Burckhardt, *Weltgeschichtliche Betrachtungen* (Berlin, 1905), p. 96。

代价满足复仇的渴望会得到什么？

　　在凡尔赛的国际联盟里，1914 年思想事实上战胜了 1789 年思想；不是我们而是我们的敌人帮助该思想取得胜利，反过来对我们进行了压迫，这些对我们很重要，但是从世界历史的角度来看还不是决定性的。国家正遭受"惩罚"，没收理论再次复活，这些主要观点依然保留着。如果人们承认民族自决权的例外，从而不利于"邪恶"民族，人们就颠覆了自由民族共同体的首要原则。英国人、北美人、法国人和比利时人这些主要的资本输出者对于下述原则获得认可起到了帮助作用，即海外的自有资本代表着一种统治形式，对其没收是政治变化的自然结果，这在今天显示了盲目的怒火和暂时富有的欲望如何抑制了他们的理性考虑。冷静的反思一定会导致同样这些人在国际资本流动问题上做出完全不同的举动。

　　世界帝国主义对于生产和文化的国家共同体并因此对于文明的命运意味着威胁，而引导我们和全人类摆脱这种威胁的途径就是拒绝感情和本能的政策，恢复到政治理性主义。如果我们投入布尔什维主义的怀抱只是为了惹恼夺去我们的自由和财产的敌人，或者我们也想把敌人的房子点着，这一点儿也帮不上我们的忙。我们政策的目标不应该是拉着敌人与我们同归于尽。我们应该努力不自我毁灭，努力从奴役和不幸中再次崛起。然而，我们实现这一目标既不能通过好战行动，也不能通过复仇和绝望的政策。对我们和整个人类而言，只有一个拯救办法——回到 1789 年理性主义的自由主义思想。

　　社会主义可能代表了一种人类劳动的更好组织形式。让任何这样宣称的人努力理性地证明它吧。如果证明成功，那么由自由主义民主地团结在一起的世界会毫不犹豫地实施共产主义社会。在一个民主国家，谁会反对一项一定会给最大多数人带来最大收益的改革？政治理性主义原则上不拒绝社会主义。但是，它确实会事先拒绝不是基于冷静理解而是基于不清楚的情感的社会主义，不是使用逻辑运作而是使用救赎福音书的神秘主义运作的社会主义。

索　引

（索引页码为原书页码，即本书边码）

---

① "奥地利"作为地理标识是指第一次世界大战前属于奥匈帝国的领土。

译 后 记

　　译者在多年学习奥派经济学著作后，有感于作为奥地利经济学派的领军人物米塞斯的多数专著已有中文版，有的甚至存在多个版本，而个别著作尚没有中文译文。遂不揣谫陋，将《民族、国家与经济》译为中文。

　　在很多读者印象中，米塞斯是一位理论经济学家，作为门格尔的再传弟子，注重经济理论的系统性、逻辑性，与德国历史学派的经验方法相对立。这一点确实在米塞斯的主要代表作《论人类行为》《货币和信用理论》等著作中得以体现。然而事实上，米塞斯也十分关注现实经济政策，这主要体现于大量的分析批评文章之中。当然，他对经济政策的评论与他的经济理论是统一的。本书汇集的三篇长文，堪称米氏早期经济评论的代表。

　　米塞斯作为奥匈帝国的青年军官亲历了第一次世界大战。奥匈帝国因一战而解体，米塞斯本人也曾负伤，侥幸生存。身为一名睿智的经济学家，米塞斯不可能不对一战前后德奥——甚至其他主要国家——的经济政策进行深入思考。本书作为这种思虑的结晶，实与对立的英国阵营的凯恩斯同时出版的《和约的经济后果》殊途同归——为了今后的世界和平，各国必须捐弃前嫌，和平共处，公平贸易，共同富裕。

　　《民族、国家与经济》一书主要是讲经济领域的问题，分析一战之前两个帝国主义集团如何因经济贸易问题而分裂，最终走上战争道路，并且主要分析德奥战前战后实然和应然的经济政策，不涉及政治问题的探讨。本书最后谈到社会主义，也主要是把社会主义作为一种生产组织形式。米塞斯将社会主义定义为"将生产手段从个人的私人所有转变为社会所有"。他真诚地认为："社会主义可能代表了一种人类劳动的更好组织形式。让任何这样宣称的人努力理性地证明它吧。如果证明成功，那么由自由主义民主地团结在一起的世界会毫不犹豫地实施共产主义社会。在一个民主国家，谁会反对一项一定会给最大多数人带来最大收益的改革？"

　　米塞斯在本书中只是批判了社会主义某一阶段存在的问题，这种批评也为后来社会主义的发展提供了借鉴，马克思主义的科学社会主义克服了他提出的很多问题。米塞斯对战争社会主义、空想社会主义、集权社会主义、工团社会主义、社会主义帝国主义的批评完全可以为我所用，使历史上这些形形色色的所谓"社会主义"成为我们的反面教材，从历史经验和经济理论上汲取教训，避免前人已经指出的陷阱。事实上，中国进行改革开放后所探索的社会主义市场经济和法治国家的道路，正是从实践上对科学社会主义之前的各种社会主义思潮的超越。

　　译者很荣幸翻译这部米塞斯早期重要著作。我的父亲蒋玉德先生作为第一位读者阅读了译文初稿，修改了若干错别字，祝爸爸开心愉快！同时非常感谢商务印书馆同仁的付出和努力，也祝福所有帮助、关心本书出版的朋友们！

蒋豪　谨识

2021 年 11 月 22 日

经济学名著

第一辑书目

凯恩斯的革命	〔美〕克莱因 著
亚洲的戏剧	〔瑞典〕冈纳·缪尔达尔 著
劳动价值学说的研究	〔英〕米克 著
实证经济学论文集	〔美〕米尔顿·弗里德曼 著
从马克思到凯恩斯十大经济学家	〔美〕约瑟夫·熊彼特 著
这一切是怎么开始的	〔美〕W.W.罗斯托 著
福利经济学评述	〔英〕李特尔 著
增长和发展	〔美〕费景汉 古斯塔夫·拉尼斯 著
伦理学与经济学	〔印度〕阿马蒂亚·森 著
印度的货币与金融	〔英〕约翰·梅纳德·凯恩斯 著

第二辑书目

社会主义和资本主义的比较	〔英〕阿瑟·塞西尔·庇古 著
通俗政治经济学	〔英〕托马斯·霍吉斯金 著
农业发展：国际前景	〔日〕速水佑次郎 〔美〕弗农·拉坦 著
增长的政治经济学	〔美〕保罗·巴兰 著
政治算术	〔英〕威廉·配第 著
歧视经济学	〔美〕加里·贝克尔 著
货币和信用理论	〔奥地利〕路德维希·冯·米塞斯 著
繁荣与萧条	〔美〕欧文·费雪 著
论失业问题	〔英〕阿瑟·塞西尔·庇古 著
十年来的新经济学	〔美〕詹姆斯·托宾 著

第三辑书目

劝说集	〔英〕约翰·梅纳德·凯恩斯 著
产业经济学	〔英〕阿尔弗雷德·马歇尔 玛丽·佩利·马歇尔 著
马歇尔经济论文集	〔英〕阿尔弗雷德·马歇尔 著
经济科学的最终基础	〔奥〕路德维希·冯·米塞斯 著
消费函数理论	〔美〕米尔顿·弗里德曼 著

图书在版编目(CIP)数据

民族、国家与经济 /(奥)路德维希·冯·米塞斯著;
蒋豪译.—北京:商务印书馆,2023(2024.1 重印)
(经济学名著译丛)
ISBN 978 - 7 - 100 - 21314 - 1

Ⅰ.①民…　Ⅱ.①路…②蒋…　Ⅲ.①经济社会
学—研究　Ⅳ.①F069.9

中国版本图书馆 CIP 数据核字(2022)第 107576 号

权利保留,侵权必究。

经济学名著译丛
民族、国家与经济
〔奥〕路德维希·冯·米塞斯　著
蒋豪　译

商　务　印　书　馆　出　版
(北京王府井大街 36 号　邮政编码 100710)
商　务　印　书　馆　发　行
北京艺辉伊航图文有限公司印刷
ISBN 978 - 7 - 100 - 21314 - 1

2023 年 4 月第 1 版　　　开本 850×1168　1/32
2024 年 1 月北京第 2 次印刷　　印张 8½
定价:52.00 元